60代からの資産「使い切り」法

る資産の寿命を伸ばす賢い「取り崩し」の技術

野尻哲史
Nojiri Satoshi

日本経済新聞出版

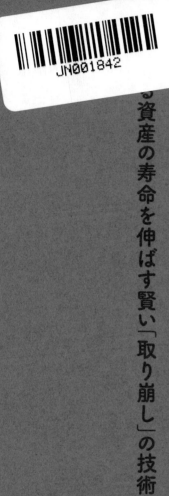

はじめに

資産の取り崩しに関する本をやっと上梓することができました。うれしい限りです。

もともとこのテーマは、２００８年の『退職金は何もしないと消えていく』（講談社＋α新書）で「引き出し過ぎの怖さ――収益率の良し悪しより大切なこと」として一節を書いたところから始まっています。その後、18年には『定年後のお金』（講談社＋α新書）で、今の原型となる取り崩しの基本的なアイデアをまとめました。

当時の私は50歳前後でしたから取り崩しの議論は、理論的な面が非常に強かったと思います。勤めていたフィデリティ投信の仕事の関係で、フィデリティ・インベストメンツの本社があるボストンやフィデリティ・インターナショナルの本社があるロンドンに出張して、現地での退職後の収入（リタイアメント・インカム）について議論するたびに、資産の取り崩しの重要性を痛感しました。

その頃から考えて15年以上経っていますが、まだまだ資産の取り崩し方法が日本の一般の人に知られているとは思えません。

その理由は大きく2つあると思っています。1つは金融ビジネスそのものが抱えている課題で、もう1つはわれわれ生活者が陥っている「退職後のお金との向き合い方」に関する理解不足ではないでしょうか。

そもそも日本の金融ビジネスは、「顧客の資産を増やすことが顧客サービスだ」と考え違いをしている節があります。

もちろん資産が増えることは私たち顧客にとって非常に大切なことなのですが、既に資産ができあがった退職世代から見ると、増やすことよりも、**その資産をどのように取り崩して「生活を豊かにしていくか」**ということの方が大切なポイントになります。

「顧客であるわれわれは何のために資産運用をしようとしているのか」という根本的なところを、金融機関は理解できていない可能性があります。しかも資産を取り崩すのですから資産が減っていくのは当然です。

しかし現在の金融のビジネスモデルでは、顧客資産の減少は受け入れがたいことから積極的なアプローチができていないように思います。

本書の**第1章『「資産活用」世代の実態』**で、60代の生活とその満足度を取り上げているのも、それを資産の取り崩しを考えるスタートにしたかったからです。われわれ生活者が何を望んでいるのか、資産運用がそれを満たしているのかを、フィンウェル研究所が独自に行っている「60代6000人の声」アンケート調査から分析しています。
多くの60代はその資産水準に満足していないにもかかわらず、生活そのものにはまずまず満足している姿が浮かび上がっています。

「資産が少なくても満足した生活を送ることができる」のであれば、なぜ資産運用が必要なのでしょうか。金融機関は「安心できる老後のために資産を増やしましょう」と言いますが、その結果、資産を増やすことが目的になっていないでしょうか。

私自身も60代になって、本当に思い至るのは、これから自分に大切なことは「資産を増やす」のではなく、**「より満足度の高い生活を送るために、今ある資産を有効に使っていく」**ということです。

もちろん資産の潜在的な力を引き出すために資産運用を続けることは不可欠だと思っています。生活の満足度を引き上げるためにどうすればいいのか、資産運用はその一翼を担うためにどうあるべきなのかを考えることから、退職後のお金との向き合い方を模索していきたいと思っています。

資産を取り崩しながらその資産の寿命を延ばしていく包括的なアプローチを、ここでは「資産活用」と呼んでいます。

「資産活用」の基本をまず理解する

そのうえで、リタイアメント・インカムまたは退職後の収入という概念を正しく理解することが基本になると思います。

実際に、退職後の収入に関するわれわれの理解には多くの誤解が含まれています。典型的な例は、老後2000万円問題でも指摘された、退職後の生活費は公的年金がカバーすることが原則で、その不足分は「赤字」と称されたことです。

退職してもまだ働いて勤労収入を得る人は多く、またわれわれは現役の頃に将来の生活費の足しになるように資産形成も進めているのです。退職後の生活費は、勤労収入と公的年金収入、それに資産の取り崩しによる資産収入の3収入で賄うものですから、勤労収入と資産収入が「赤字補塡」の資金といわれてしまうと、後ろ向きなものと映ります。実際には、この3つが日本における退職後収入、いわゆるリタイアメント・インカムの大黒柱といっていいものです。

さらにそのリタイアメント・インカムを少しでも抑制して資産の寿命を引き延ばすという視点からみると、生活費を抑制することも大切なポイントになります。3つの収入と生活費の抑制、この4つの視点が、退職後のお金との向き合い方の大切な対策の柱になります。それぞれを**第2章の『リタイアメント・インカムとは?』**でまとめています。

退職後のお金との向き合い方、または「資産活用」に対するわれわれの理解不足というのは、「資産の取り崩しの多様な方法とその有効活用で、今ある資産の寿命を延命できる」ことを知らない点です。そのことを意識しないで過ごしてきてしまったことです。

生活者として考えると、われわれの先輩たちは預金金利が7%という時代を知っています。預金にお金を預けておけば、10年で2倍近くになるという金利水準ですから、退職したらすべての資金は預金にしておけば、安心でしかも増えていくことが実感できる時代でした。その時代の資産の取り崩しは、「決めた金額を引き出すようにして、それ以上使わない」という定額引き出し(第3章第

2節参照）のルールで十分でした。

取り崩しに関するその感覚を残したまま、2つの大きな環境変化が起きました。1つは金利がほぼ0％に低下し、その水準がずっと持続していること。もう1つは思った以上に長生きする「人生100年時代」といわれるようになったことです。この2つは、保有している資産規模が大きければ、何の問題もありません。預金が増えなくても、100歳まで生きるといわれても、十分な資産があれば生活をするという点で問題は少ないでしょう。

しかし、多くの人はこの2つから「資産を運用して増やさなければ心配だ」という感覚に追いやられました。感覚だけではなく、実際に必要なことになったと私も痛感しています。

だからこそ2014年のNISA（少額投資非課税制度）の導入、17年のiDeCo（個人型確定拠出年金）の拡充、18年のつみたてNISAの導入、22年の資産所得倍増プラン、そして24年からの新NISAのスタートと、矢継ぎ早に資産形成の環境が整い始めているのです。

実は「取り崩し」にこそ技術が必要

ただ残念なことに、資産を創り上げる、いわゆる資産形成ではこの2つの変化への対応を進める機運が盛り上がっているものの、出来上がった資産の取り崩しに関しては、何の進歩もないまま「決めた金額を引き出して、それ以上使わない」という定額引き出しのルールが今もそのまま生き続けています。

本書のなかでも繰り返し警鐘を鳴らしていますが、資産運用を続けながら定額引き出しを行うことは「収益率配列のリスク」（第3章第2節参照）を内包しています。想定した通りの運用成果が得られ、かつ計画通りの金額で引き出していたにもかかわらず、資産は想定以上に減ってしまう可能性がある点を指摘したリスクです。これは、保有資産からの資産収入で自身の生涯をカバーできるようにしたいという願いを打ち砕いてしまう大きなリスクでもあります。

しかもその影響が強く出るのが人生の最後半になってからというわけですから、リカバリーも効きにくいものです。これでは何のために、人生100年・低金利時代の対策として資産運用をしているのかわからなくなります。このリスクを理解するために具体的な数字を示しながら解説したのが、**第3章の『「毎月10万円の引き出し」はなぜキケンなのか』**です。

この「収益率配列のリスク」を回避するために、どうすればいいかを考えるのが資産の取り崩しのルール作りです。具体的には、**第4章で『引き出しは「率」で考える』**と題して説明しています。もちろん重要なのは、単に運用している資産の取り崩しの面だけではありません。取り崩す必要金額を少なくすることや資産の取り崩すタイミングを遅らせることなど、多岐にわたるアイデアを包括的に見る必要があります。それこそが本書で述べる「資産活用」です。

もちろん概念だけではなく、より具体的な取り崩しのアイデアがなければ読者の皆様の理解も進まないと思います。そのため、保有する資産を、運用する資産と緩衝材（バッファー）として取り置く資産の2つに分けるという考え方や、資産としての住宅のあり方、上場投資信託（ETF）の活用など、より実践的な部分にも少し入りこむことで、取り崩しのアイデアの実感を持てるようにしています。この点は、**第5章の『保有する資産全体のなかで取り崩しを考える』**でまとめています。

さらに2024年に始まる新NISAを「資産活用」としてどう使うかも大切なポイントだと思っています。特に新NISAに関する書籍やインターネットの情報は、若年層を中心に資産形成の目線ばかりになっています。資産活用世代または資産の取り崩しの視点から新NISAを見る点が欠けていますから、その点を中心に**第6章で『資産活用層は新NISAをどう使う？』**と題してまとめています。というよりこの章では、私はどうするつもりか、という視点で対策を紹介しているといった方がいいかもしれません。

さらに、**第7章では『生活スタイルと資産活用』**と題して、自分に合った資産の取り崩しを考える際の指針を見つけるためのロジックを紹介しています。生活スタイルに対する姿勢と資産収入に対する心持ちの2つの軸を使って、自分の置かれているポジションを俯瞰して、そこに適切な運用や取り崩しの考え方を見つけるというマトリックスです。

本来、こうしたルールを決めるには、きめ細やかな1対1の対応が不可欠ですが、ここではそれを考えるロジックの1つを紹介しています。60代、70代、80代と年齢を重ねるなかで、自分の生活スタイルも変わっていかざるを得ませんから、それに合わせてお金との向き合い方をどう変えていくべきかといった視点も盛り込んでいます。ご自身で指針を見つけ出すきっかけになれば幸いです。

第4章から第7章まではこの本の中核となるところですが、この4つの章によって資産活用の重要な柱である資産の取り崩しの考え方と具体的な方法を、ほんの少しですがお示しできればと思っています。

最後に、もう一度「何のために資産活用をするのか」を問うてみたいと思います。自分の暮らしをより満足できるものにするため。これが答えだと思いますが、さらに高齢層が自分の暮らしを満足できるものにしようと保有する資産を活用することで、きっと社会を良くすることにもつながると考えています。

日本の金融資産の3分の2を占める高齢者が、生活を豊かにするためにほんのちょっと消費に積極的になれば、自分の生活を豊かにするだけでなく、人口が減少する日本社会で経済的にも十分な貢献をするはずです。毎年50兆円に上る相続の1割が消費に回るだけで、また60歳以上が保有すると推計する個人資産のわずか0・25％が消費に回るだけで、GDPを1％引き上げる力があります。

この点は**第8章で『資産活用層の社会貢献』**と題してまとめていますが、このビジネスモデルが出来上がれば、これから超高齢社会を迎えるアジアの諸国に、課題先進国日本から輸出できるアイデアになるはずです。

多くの方に支えられて

ところで、「資産活用」という考え方がなかなか世間に知れ渡らないとはいえ、動きがないわけではありません。何よりこの本が上梓できるようになったことがその証左だと思っています。

「資産活用」というアイデアの普及を考えるなかで転機となったのは、私も委員を務めた金融審議会市場ワーキング・グループで、「資産の取り崩し」の重要性が議論できたことでした。さらに閣議決定された第4回高齢社会対策大綱でも「資産の取り崩し」が言及されました。これらはともに2018年のことです。

市場ワーキング・グループでの「高齢社会における資産形成・管理」に関する議論をまとめた報告書（19年6月発表）は、残念ながら「老後2000万円の報告書」と呼ばれて、本旨とはかけ離れたところに注目が集まり、「資産の取り崩し」の議論は霧散してしまったかのようでした。ただ、そこでのワーキング・グループのメンバー並びに金融庁の担当官の皆さんとの議論は本当に有意義なものでした。

その後、コロナ禍もあり、この議論は下火になってしまいましたが、個人のベースで細々と続けてきました。22年1月に資産の取り崩しに関する研究とその発信を趣旨とした「デキュムレーション研究会」をフィンウェル研究所の活動として立ち上げ、現在2か月に1回、有志の方々が集まって議論をしています。1年半にもわたって、一緒に議論に加わっていただいているデキュムレーション研究会の仲間の力は、ともすれば徒労感ばかりが募る活動を私が続けていられる大きなエネルギーになっています。本当に感謝しています。

もちろん家族も大きな力です。3人の子どもは既に独立し、自分の生活を持つようになっていますが、この本の出版記念パーティをやろうと張り切ってくれています。今、日々の生活は、妻と2人だけになっていますが、それぞれ自分の好きなことに時間を使って、ここからが生活を充実させられる時代になったと感じています。妻と違って私は趣味らしい趣味がなく、強いて挙げれば文章を書くことくらいです。それが収入になるのですから、贅沢なものなのですが、そのお陰で60歳の時に立ち上げた合同会社フィンウェル研究所は何とか軌道に乗ってきました。「ほんの少し社会のためになる仕事を、できるだけ自分が楽しんでやる」ことをモットーにしていますから、それほどストレスにもなりません。

最後に、資産形成への流れが強まるなかでは、資産の取り崩しに関する本を出したいと願ってもなかなか出版社の支持を得られませんでした。そんななか「資産の取り崩し」「資産活用」に関する本の出版に力を貸してくださったのが株式会社日経BP日経BOOKSユニットの長澤香絵さんです。感謝してもしきれません。

この本が、「資産の取り崩し」「資産活用」に関する議論の火付け役になれたら本当にうれしいと心から思っています。

2023年7月

野尻哲史

目次

第3章 「毎月10万円の引き出し」はなぜキケンなのか

第4章 引き出しは「率」で考える

第7章 生活スタイルと資産活用

第8章 資産活用層の社会貢献

序章

資産形成を終えた人に

答えにくかった2つの質問

私は1982年に大学を卒業して以来、41年間、証券会社、運用会社で働き、定年を迎えた今も自分の会社を作って、金融業界の端っこで、この業界にかかわりを持って仕事をしています。

現役の頃、仕事柄、多くの人の前で講演したり、メディアに寄稿したりして、投資教育に懸命になっていましたが、そのなかで常に2つの質問に悩まされていました。1つ目は、

「退職まで資産運用をしても、万が一、退職の時にリーマン・ショックのようなことが起きたらどうすればいいんでしょうか？」

そしてもう1つは退職された方からの、

「今さら資産形成って言われても、もう資産を増やすことはできそうにない。まして運用する資産もそれほどない。どうすればいいんですか？」

の、2つです。

皆さんだったら、これらの質問にどうお答えになるでしょうか。

1つ目の質問に対して、

「それを避けるためにも退職時期に向けて資産の構成比を調整しながらリスクを軽減していくことを考えましょう」

とお答えになるでしょうか。

答える人がまだ定年、退職などを実際に感じていない現役の人の場合にはそうした答えもあるでしょう。でも実際に退職してみると、この答えは「正しくない」ことを痛感します。

というのは、退職しても資産運用を続けることを前提にしている人が、自分も含めてかなり多くいるからです。実際、フィンウェル研究所が行った「60代6000人の声」調査では回答した6503人の38%が資産運用を行っています。それを考えると、「退職=運用を止める」という前提を基に考えられた、「退職に向けて運用リスクを減らす」というのは正しいアドバイスではないと思うのです。

退職時点でリーマン・ショックが起きたときの対処法

では、正しい回答は何でしょうか。

「退職時点で一気に運用を止めると考えず、部分的に運用を止めていくことを考える」というのが、今私が正しいと考えている回答です。

運用資産を徐々に取り崩していく、または運用を続けながら少しずつ取り崩すと考えると「退職時点でリーマン・ショックが来たら」という一時の金融相場の波乱があっても、取り崩しに時間をかけることでその影響を弱めることができる、と考えています。本書の最大のテーマがここにあります。この意味を、しっかりと説明していきたいと思います。

とカッコいいことを言っていますが、私も退職時に「一度に売却する」マインドセットにとらわれました。

私は２０１９年４月末で定年となりました。ちょうど令和の始まりとともに定年後の生活が始まったわけですが、ご記憶されているでしょうか。その年のゴールデン・ウィークは10連休で、スーパー・ゴールデン・ウィークと呼ばれました。ＳＧＷです！　その長い休暇中は日本の金融市場は休場になりました。

当時、メディアでは「日本だけが長い休場となっている間に海外で何が起きるかわからないので、一度、ＧＷ前に運用は手仕舞っておくべきではないか」といったことも多くいわれていました。しかし、退職前の私は、「長期運用を考えるのであれば、そんな〝一度手仕舞う〟といった道理に合わないことは必要ない」と思っていました。

しかし、その連休中に当時のトランプ大統領が突如、「中国の輸入製品２０００億ドル分に対する関税を10％から25％に引き上げる」と発表したのです。案の定、この10連休明けには日本の株価は急落しました。19年４月26日の日経平均の終値は２万２２５８円73銭、これが１か月後の５月24日には２万１１１７円22銭へと５・13％下落していました。

この株価急落に、私自身、実はあたふたしたのを今も忘れません。

４月末で定年を迎えた私はちょうど確定拠出年金で加入者から運用指図者に変わったところだったのです。加入者であれば拠出を続けることができますから、こうした急落は積立コストの低下というメリットをもたらします。しかし、運用指図者となると追加の拠出はできなくなりますから、ただ残高を見つめるだけでした。

「おい、ちょうどここで急落かよ！」って思いましたね。でも確定拠出年金も引き出し方法に年金受取がありますから、「時間を分散させながらの売却」が可能です。

わかったようなことを言っている私も、実は退職して初めて気づくことも多く、その都度、迷って呻いています。その点も、この本の中でシェアしていきたいと思っています。

今ある資産の寿命を延ばす「資産活用」の重要性

2つ目の質問は、金融機関主催のリタイアメント・セミナーと銘打ったセミナーでお話をさせていただいていた頃の参加者の質問です。こうしたタイトルのセミナーを開くと、参加者は既に退職されている方が多いものです。

実は、主催者側は「リタイアメント（退職）に向けての準備を念頭に置いたセミナー」のつもりで、40－50代に来てほしいと思っているわけですが、参加者側は「リタイアメントした人（退職した人）向けのセミナー」と捉えていますから、当然、参加者は60－70代ばかりとなります。

その参加者に向かって、事前のお約束通り「将来に向けて今から資産形成を始めましょう」と伝えても、これはなかなか受け入れられません。その結果、

「なんだ、儲かる銘柄を教えてくれるわけではないのか」

とか、

「投資ができるほどの資産を持っていない私は、結局何もできないということか」

といった不満が残るものになります。そもそもそうした集客準備が中途半端だったからですが、それでも運用だけで退職後の生活の準備が成り立つわけではありませんし、退職してからはそれがよりはっきりわかるはずです。

退職したら、収入は限られますから、われわれは「どうやって今ある資産を死ぬまで枯渇させないようにできるのか」を考えるようになります。

対策には、資産運用も必要でしょうが、それだけでどうにかなるものではありません。それよりももう少しリスクの少ない方法を先に考えるというのが一般的なはずです。その選択肢を使ったうえでまだ心配になるときに、はじめて資産運用も考えるという優先順位のつけ方だろうと思います。

本文の中で詳しく説明しますが、退職後は、

生活費＝勤労収入＋年金収入＋資産収入

の等式で生活を考えるようになります。

これは、退職後の生活で資産寿命を延命させるには、①**生活費を引き下げること、**②**勤労収入を少しでも多く（長く）すること、**③**年金収入を少しでも多く受給できるようにすること、**④**資産収**

入を長く・多く確保できるように取り崩し方を考えること、の4つが対策として挙げられることを示しています。そして生活水準を下げないようにして、生活費を削減する、長く仕事を続ける、年金受給額を増やすなどを実行しながら、最後に持っている金融資産の取り崩しはどうするのが一番効率的か、と順番に考えることになります。

それらを包括的に考えることを私は「**資産活用**」と呼んでいます。すなわち資産活用とは、「**生活費、勤労、年金、資産の取り崩しの4つを上手にコントロールしながら、今ある資産の寿命を延ばすこと**」という意味で、さらに「**退職後にお金とどう向き合うか**」ということでもあります。

金融機関はビジネスの持続を優先させるため、常に「運用をすることが必要だ」と説くことに終始します。退職した人の個別事情を考慮しないこうしたメッセージを送り続けていても、退職者の納得は得られないものだと思いませんか。

また多くのアドバイザーやファイナンシャル・プランナーなどの専門家は、資産運用のアイデア、生活費を中心とした節約アイデア、勤労収入確保の重要性、年金の受け取り方といったノウハウを教えてくれますが、「資産の取り崩し方」とそれら4つを「包括的に見る視座」はなかなか提供してくれません。

そうした包括的な資産寿命の延命策をアドバイスしてくれる金融アドバイザーは、まだまだ少数派です。そのため、今のところ「**退職後のお金との向き合い方**」**といった多くの対策を含むことを、**

整合性を持って包括的に考えることは、自分でやるしかないのが実情です。

いやそれどころか、「お金との向き合い方」そのこと自身をわかっていない人の方が多いのかもしれません。そのため、退職金の多くを運用につぎ込んでしまった投資初心者が後を絶たず、債券といいながら複雑な仕組みで大きなリスクを内包する、いわゆる「仕組み債」（第3章第1節）の被害を受けるといった実害も起きているのです。

本書は、退職後のお金との向き合い方を「資産活用」という視点からまとめています。もちろん包括的な目線を忘れないようにしながら、欠けている部分である「資産の上手な取り崩し方」について より詳しく解説をしていきます。

もっと使いながら資産寿命を延ばそうぜ

最後にもう1つだけこの本で伝えたいことがあります。それは「資産活用」を考えることは、日本の将来を考えることにつながるという視座です。

国立社会保障・人口問題研究所の将来人口予測では、「2070年までに現役世代は3000万人ほど減少する」とされています。

そんな国の経済がこれからどうなるのかは極めて心配です。もちろん生産性を上げることで、経済成長は持続するといわれますが、作られた商品やサービスは誰が消費するのでしょうか。3000万人分の消費を現役層の所得の大幅増だけでカバーできるのでしょうか。それとも輸出の増加を目論むのでしょうか。

アジアを中心に、日本以上の高齢化スピードの国があるほどですから、それぞれの国も同様に内需の減退懸念を抱えています。日本だけが輸出増を享受できるとは思えません。

代わりとなる内需の柱を求めるとき、高齢者は力強い味方となるはずです。

これまで多くの高齢者が「できるだけ使わないで資産寿命を延ばす」ことを模索してきましたが、「資産活用」の考え方がうまく定着し、「資産を運用しながら使うことで資産寿命を延ばせる」のであれば、これまで以上に高齢者は「もう少し資産を使って生活を豊かにできる」という意識が強まり、その結果、消費が伸びるはずです。

何しろ、毎年の相続は50兆円規模と推定され、高齢者の保有する資産は土地と金融資産などを合わせると2000兆円に達するとみられています。

これだけの潜在的なチカラを持つ高齢者の消費を目覚めさせない手はありません。高齢者の消費は待ち望まれているのです。高齢層は社会の「お荷物」ではなく、まさしく「資産」だと思います。

ご同輩よ、もっとお金を使おうぜ！

これも大きなメッセージです。

本書は退職した人たちに納得いただけるように書いていくつもりですが、これから退職する人たちにとってもきっと良い先導役になると思います。ぜひ、50代になったらこの本を読んでいただきたいと思います。

第1章

「資産活用」世代の実態

私は2023年で64歳になりました。この本は、60代からのお金との向き合い方をテーマに、自分も含む60代にとってはすぐにでも取り組むべきこと、50代にとってはこの先すぐに訪れる退職を視野に入れて準備を始めてほしいこと、をまとめています。

退職後のお金との向き合い方は、まだまだ日本では十分に知られていません。だからこそ早く知っていただくことは、本当に重要なのです。是非、最後まで読み続けてください。

1 ただものではない今どきの60代

60代ってどんな人たちなのでしょう。すべてを平均して、また一括りにして60代といってしまうのはちょっと問題があるかもしれませんが、60代をイメージし、その平均像と比べて自分はどうかというのをみておくのは大切なことだと思います。

私が代表を務める合同会社フィンウェル研究所は、毎年、60代の都市生活者（人口30万人以上の都道府県庁所在地に居住している人）を対象にしたアンケート調査「60代6000人の声」を行っています。2023年2月に実施した調査では、生活に対する満足度、地方都市への移住の意向や実態、年収・生活費・資産額、資産運用、資産寿命、家族構成や金融リテラシー、金融詐欺被害など、多岐にわたってカバーしています。

２０２３年における60代は64歳が大きな分岐点です。現役層がおおむね50－60％を占めているのは60－63歳までで、64歳になると現役層は46・１％と半数を下回ります。これは年金を受け取る人が64歳になると全体の68・１％と一気に増えるからでしょう。現在、年金受給開始年齢は65歳に引き上げられる途中で、その移行措置として、ちょうど23年は64歳の男性が特別支給の老齢厚生年金を受け取るからです。

ちなみに筆者も23年に特別給付を受け取ることになり、「とうとう年金を受け取る年齢になったのか」とちょっと感慨深いところです。なお、65歳からの年金受給は、できるだけ繰り下げようと計画しています。

都市生活者の60代は平均553万円もの世帯収入

60代の世帯年収を見ると、平均で５５２・９万円とかなり高いという印象です。ただ、最多年収帯は全体の26・６％を占める２０１万－４００万円ですから、高額の年収を得ている人に平均値が引っ張り上げられていることがわかります。

とはいえ、中央値でも４００万円を少し上回るところになっていますので、60代の都市生活者の年収はそれなりに高いといえるでしょう。

ちなみに、60代でも現役で会社勤めをしている人は、世帯年収の平均値が７６９万円で、かなり

世帯年収平均

		世帯年収平均
	回答者総数(6503人)	552.93万円
性別	男性(4881人)	573.56万円
	女性(1622人)	490.84万円
年齢別	60-64歳(3695人)	584.01万円
	65-69歳(2808人)	512.04万円
就業状況別	現役、会社員等(2026人)	768.98万円
	現役、自営業等(729人)	618.45万円
	無職、元会社員等(1336人)	433.76万円
	無職、元自営業者等(1172人)	327.82万円
	専業主婦・夫(1127人)	507.85万円
居住都市別	3大都市(2149人)	609.87万円
	100万人以上の都市(2174人)	548.92万円
	30万人以上の都市(2180人)	500.80万円
公的年金受給状況別	受給している(3369人)	486.98万円
	受給していない(3134人)	623.82万円

図表1：世帯年収別のアンケート回答者数の分布とセグメント別

［世帯年収別回答者分布］

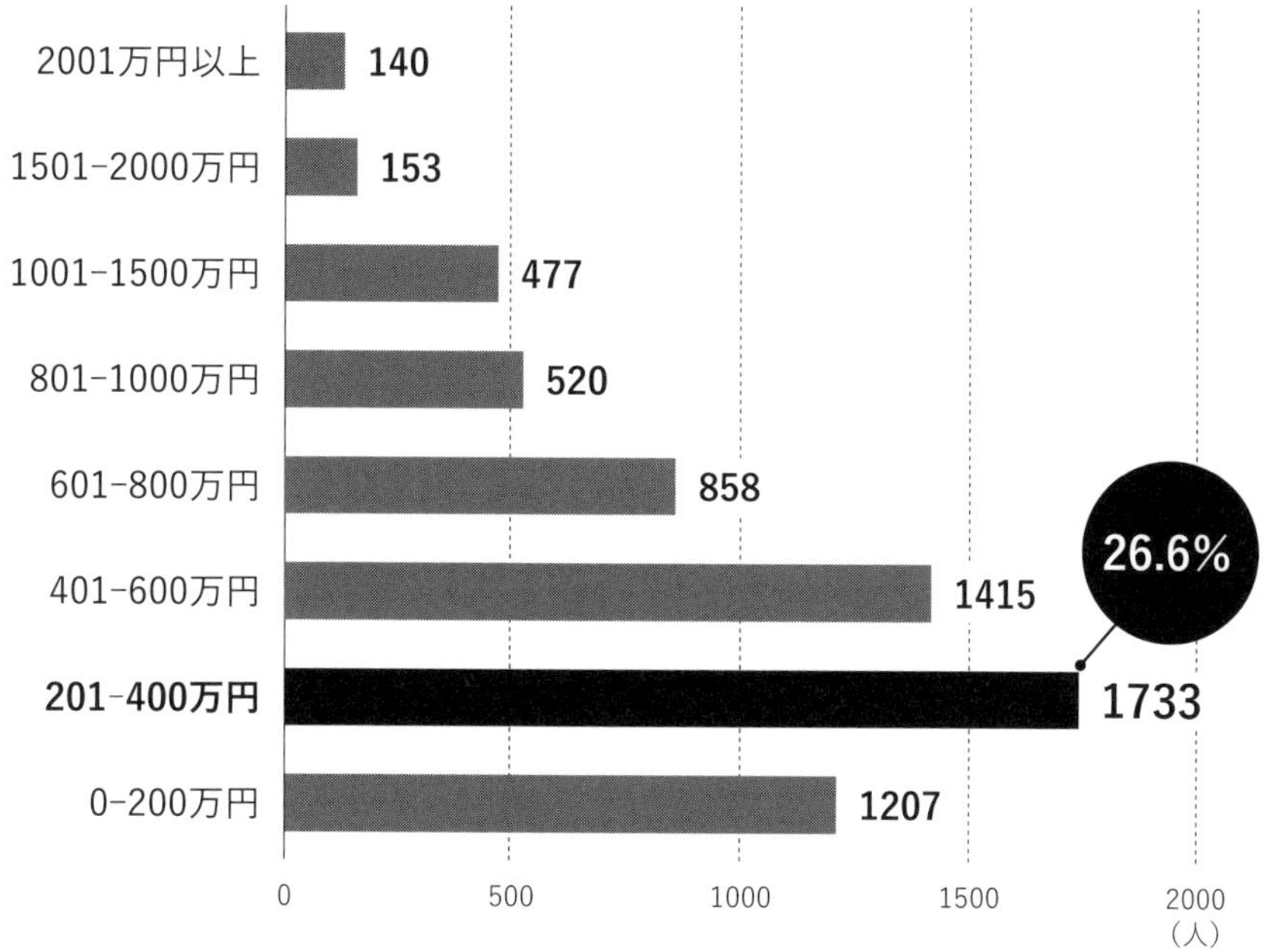

（注）「現役、会社員等」とは、現在、会社役員、会社員・公務員・団体職員などの勤め人、「現役、自営業等」とは現在、自営業、自由業、個人事業主など、「無職、元会社員等」とは現在、無職または定年退職後に嘱託・契約社員、パート・アルバイトなど（定年退職前は会社役員、会社員などの勤め人）、「無職、元自営業者等」とは現在、無職または現役引退後に嘱託・契約社員、パート・アルバイトなど（定年退職前は自営業、自由業、個人事業主など）、「専業主婦・夫」は専業主婦／主夫（パート・アルバイトなどを含む）

（出所）「60代6000人の声」、合同会社フィンウェル研究所、2023年

の金額を稼いでいることが窺えます。一方で公的年金を受け取っている人は相対的に年収が低くなっていますが、それでも487万円弱ですから、年金にプラスして何か勤労収入があるものと思われます。

ちなみに私の場合、フィンウェル研究所からの収入は年間360万円程度ですから、現役会社勤めの人の半分程度、65歳以上の人の平均所得より3割くらい少ない金額となります。

一方、世帯の年間生活費はアンケートによると平均358・3万円です。特徴としては、201万－400万円層に42・7%が入るほど、集中していることでしょう。収入と比べると平均像が収れんしている感じです。

収入に比べて支出のばらつきが小さいことから、60代は収入が多くても支出は抑制気味にしていることが窺えます。余裕のある生活というべきか、将来の支出増を気にして使い方を抑えているのかもしれません。

なお、アンケート調査ですから、回答者が、生活費のなかに税金や社会保険料などを含めていない可能性もあります。ちなみに総務省が発表している「家計調査」（2021年）で見ると、2人以上世帯のうち65歳以上の無職世帯では、消費支出の15・6%が、税金や社会保険料といった非消費支出です。もしこのアンケート調査でも同様であれば、生活費に15・6%の非消費支出を上乗せした410万円強が実際の支出となっている計算になります。

それでも平均年収の75%くらいですから、支出を抑えているという気がします。

保有資産は「2001万－5000万円」と「500万円以下」がボリュームゾーン

60代の世帯保有資産の平均値は2291万円強でした。ただかなりばらつきが大きくなっています。世帯保有資産の塊は大きく2つに分かれています。

1つ目は資産の少ない層です。最も人数の多いセグメントは、全体の23・3％に達する資産0円世帯で、1万円から500万円以下の層19・5％を合わせるとなんと42・8％という、巨大なセグメントになっています。

もう1つの塊は、全体の17・5％を占める2001万－5000万円の層です。大手企業を退職して退職金を受け取っている人であれば2000万円を超える資産を保有していても不思議ではありません。この層が突出していることも理解できます。

結果として、平均値は2291万円強となっていますが、中央値は500万円を少し超えたところにあると推計できますから、60代の保有資産を考えるときには、ばらつきの大きさに十分注意する必要があります。

世帯保有資産平均

		世帯保有資産平均
	回答者総数（6503人）	2291.75万円
性別	男性（4881人）	2382.55万円
	女性（1622人）	2018.50万円
年齢別	60–64歳（3695人）	2349.53万円
	65–69歳（2808人）	2215.72万円
就業状況別	現役、会社員等（2026人）	2538.13万円
	現役、自営業等（729人）	2570.30万円
	無職、元会社員等（1336人）	2329.34万円
	無職、元自営業者等（1172人）	2085.11万円
	専業主婦・夫（1127人）	1913.93万円
居住都市別	3大都市（2149人）	2785.83万円
	100万人以上の都市（2174人）	2238.04万円
	30万人以上の都市（2180人）	1858.26万円
公的年金受給状況別	受給している（3369人）	2225.59万円
	受給していない（3134人）	2362.87万円

図表2：世帯保有資産別のアンケート回答者数の分布とセグメント別

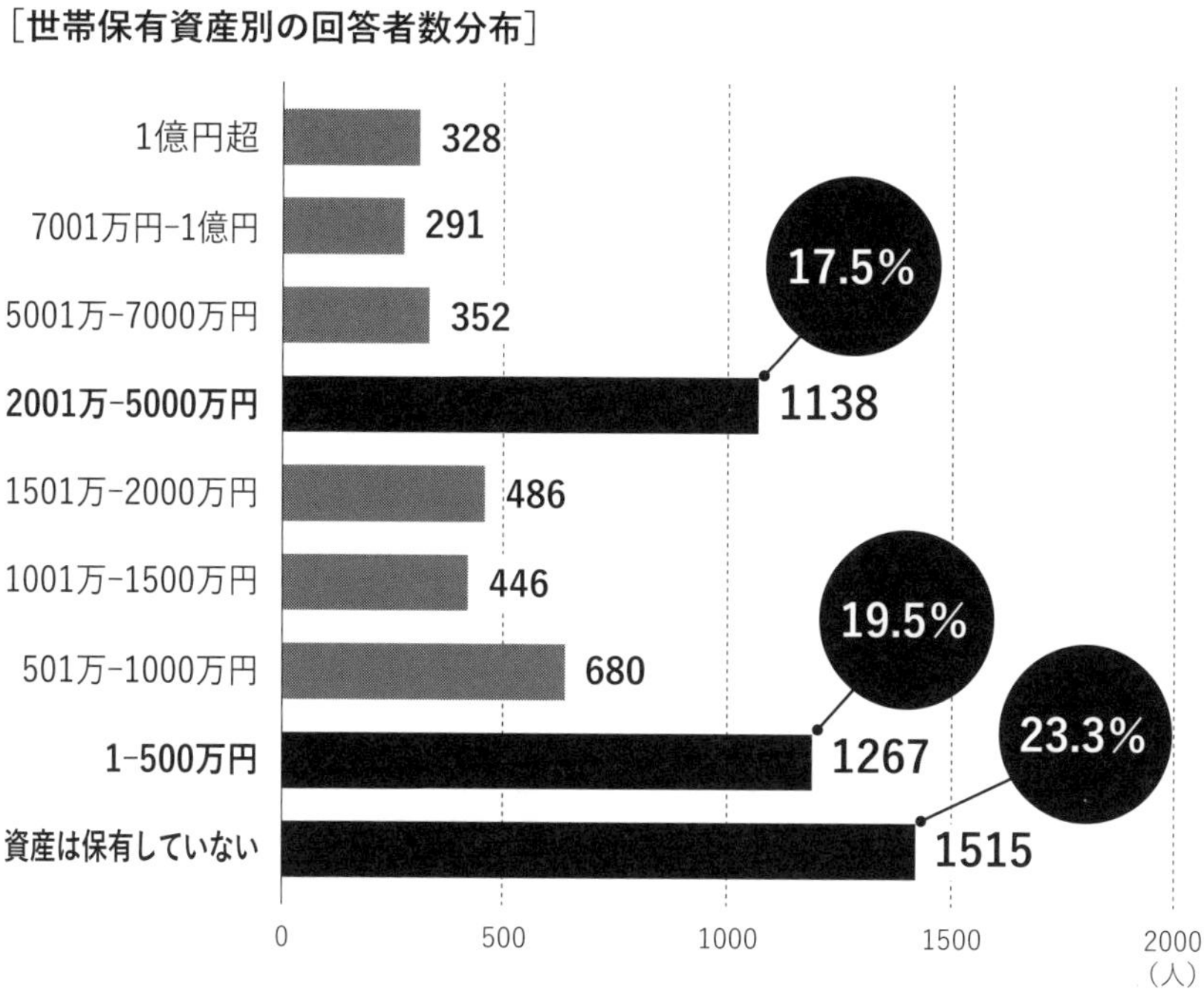

（注）「現役、会社員等」とは現在、会社役員、会社員・公務員・団体職員などの勤め人、「現役、自営業等」とは現在、自営業、自由業、個人事業主など、「無職、元会社員等」とは現在、無職または定年退職後に嘱託・契約社員、パート・アルバイトなど（定年退職前は会社役員、会社員などの勤め人）、「無職、元自営業者等」とは現在、無職または現役引退後に嘱託・契約社員、パート・アルバイトなど（定年退職前は自営業、自由業、個人事業主など）、「専業主婦・夫」は、専業主婦／主夫（パート・アルバイトなどを含む）

（出所）「60代6000人の声」、合同会社フィンウェル研究所、2023年

2 60代は生活に満足しているか？

銀行や証券会社で資産運用の話を聞くと、「退職後の生活のために早くから資産運用を中核とした資産形成が必要だ」と言われます。実は私も証券会社や資産運用会社で投資啓発の活動を行っていた40代から50代前半にかけての時期には、同じことを伝えていました。

ただ、実際に退職した人たちの話を伺うと、現役時代に資産運用なんてしなくても、一定程度の預金と年金だけで退職後の生活を満足しながら暮らす人たちも多くいます。

私の子どもは私が現役時代に「おじいちゃんは仕事をしていないのに新車に乗っていて、お父さんはどうして中古の車なの？」と聞いたことがありました。

資産運用などには全く縁がない父で、現役時代は給料のなかから少しずつ貯蓄をしていたはずです。公務員でしたから退職金はありましたが、その資金で家を建て替えましたから退職後にそれほど資産があったわけではありません。それでも退職後の楽しい人生を謳歌しました。

なぜ現役時代に資産運用をしなければならないのかと聞かれて、皆さんはどう答えるでしょう。たくさんの資産があれば、幸せな退職後の人生を送ることができるのでしょうか。どれくらいの資産があれば幸せと感じるのでしょうか。何と比較して多いと思えば幸せなのでしょうか。

生活満足度はまずまずだが、資産水準の満足度は低い

２０２3年2月の「60代６０００人の声」アンケートでは、60代の生活満足度も聞いています。「あなたは現在の生活全般に満足していますか」という設問に、「満足できる」「どちらかといえば満足できる」「どちらともいえない」「どちらかといえば満足できない」「満足できない」の５つで答えてもらい、それぞれ5点から1点で配点して、分析しました。

６５０３人の生活全般の満足度の分布を見ると、５点満点の「満足している」と評価した人は全体の７・７％と少なく、最も多かったのが4点の「どちらかといえば満足できる」でした。また回答者の平均点は３・08点で、３点の「どちらともいえない」より、ほんの少し満足している姿を示していました。

「60代６０００人の声」調査では、そのほかにも「健康状態の満足度」「仕事・やりがいの満足度」「人間関係の満足度」「資産水準の満足度」も聞いています。そして、４つの満足度は、生活全般の満足度を構成する要素になるだろうと考えています。

60代６５０３人の満足度に対する回答をまとめたのが次ページの図表3です。皆さんは5つの満足度にそれぞれ何点をつけるでしょうか。是非、やってみてください。平均との優劣ではなく、どの項目で自分は3点より上をつけたか、下をつけたかで見てみるといいかと思います。

図表3: 種類別の満足度の分布と平均値

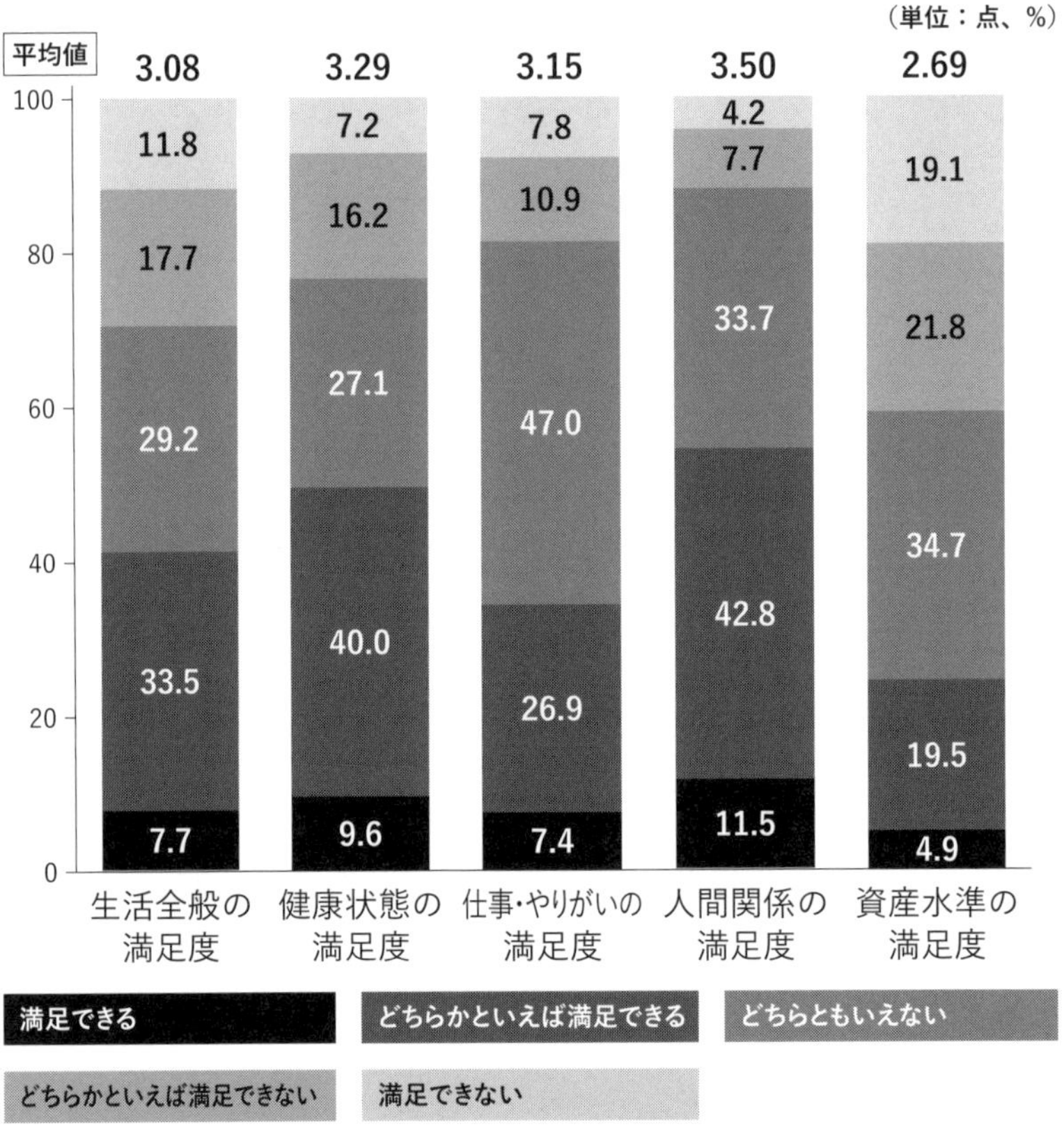

(注)満足度の評価点は「満足できる」を5点、「どちらかといえば満足できる」を4点、「どちらともいえない」を3点、「どちらかといえば満足できない」を2点、「満足できない」を1点とした。

(出所)「60代6000人の声」、合同会社フィンウェル研究所、2023年

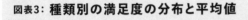

図表3を見ると今の60代の特徴がよく出ているように思いますので、ちょっと解説します。生活全般の満足度の平均値は3・08点となって、中庸に当たる3点を上回っていますから、これは「生活全般に関してはどちらかといえば満足している」ということを示しています。

一方で、その構成要素の平均点も見てみます。「健康状態」「仕事・やりがい」「人間関係」の3つの満足度は同様に3点を上回って「どちらかといえば満足している」の水準にあることがわかります。しかし、「資産水準の満足度」は平均で2・69点と唯一3点を下回っていて、「どちらかといえば満足できない」水準になっています。

総じてみると、**「お金に関しては満足できていないけど、健康、やりがい、人間関係に関してはなんとか満足していて、総合的に生活全般でも満足している」**といったことがわかります。これが今の60代の満足度です。

資産水準の満足度を上げるだけで生活満足度が変わる

一番平均値の低かった資産水準の満足度を別な視点から見てみましょう。実は**資産水準の満足度は、その水準がちょっと上がると生活全般の満足度を高める力が一番大きい**ものです。

ちょっと難しくなりますが、重回帰分析という統計手法を使って分析した結果を紹介します。生活全般の満足度は、健康状態の満足度、仕事・やりがいの満足度、人間関係の満足度、そして資産水準の満足度の４つの要素で説明できると仮定して、４つの満足度の説明力をそれぞれ数字で表し

図表4: 5つの満足度の関係式

回帰式
R2=0.5574

生活全般の満足度
=0.1610×健康状態の満足度+0.1584×仕事・やりがいの満足度
+0.1513×人間関係の満足度+0.5060×資産水準の満足度+0.1519

（注）「60代6000人の声」調査（2023年）で回答した6503人の満足度に対する評価で重回帰分析を行った結果。
（出所）合同会社フィンウェル研究所

たものが図表4の数式です。

この結果からいえることは、資産水準の満足度の係数が0・5060と最も高くなっていることが特徴として挙げられます。これは、資産水準の満足度が1単位上がると、ほかの満足度が1単位上がるよりも生活全般の満足度を高める力が大きいことを示しています。資産水準の満足度は高める価値があるというわけです。

少し別な視点から見ると、健康、仕事・やりがい、人間関係は退職してからも新たに見つけ出すことができるものだと思います。「ジョギングをして現役時代よりも健康に留意する」とか、「趣味の集まりで新しい仲間を増やす」といったことは、60代だからこそできることかもしれません。

ただ資産については退職してから手を付けようとしてもなかなかうまくいくものではないと思います。退職金を使って慌てて資産運用しようものなら、かえってリスクの高い投資に飛びついて、思いがけない損失を被ることもあり得ます。だからこそ現役時代に資産形成をしっかりしておくというのは大切なことでもあります。この点は、退職世代というよりは現役世代の皆さんがわかっていただくべき点でしょう。もちろん60代になってからも資産水準の満足度を高める方法はあります。それは、資産水準を上げるのではなく、持っている資産に対する評価、すなわち満足度そのものを見直すことです。

例えば、保有している資産が「１５００万円しかないので、やっぱり２０００万円ないと退職後の生活には足りないんだろうな」と思う考え方を、「１５００万円でも十分足りる」と考えられるような生活に切り替えていくことです。これが「資産活用」の持っているチカラになります。

3 「老後2000万円問題」の影響

ここでちょっと気になる点を先に分析しておきたいと思います。「やっぱり２０００万円ないと足りないんだろうな」という表現で紹介した〝２０００万円〟という数字です。これは皆さんもご承知の「老後２０００万円問題」が取り沙汰されたことで注目された金額です。

２０１９年６月に金融審議会市場ワーキング・グループが取りまとめた「高齢社会における資産形成・管理」と題する報告書は、その報告書の前段となる現状分析のなかで家計調査を利用した

「高齢者の支出と年金収入の差額」から、退職後の生活に必要な資産の平均値として2000万円程度と規模感を示していました。

これが、〝年金だけでは老後の生活は不十分で、老後に向けて2000万円の資産を創り上げる必要があることを政府の研究会が認めた〟という、年金危機を煽るようなコンテクストにしてマスコミで取り上げられました。これが、いわゆる「老後2000万円問題」です。

私はこの市場ワーキング・グループのメンバーだったのでよくわかっていますが、報告書のなかで、この部分は現有する数値を使って全体像を俯瞰しようとした前段部分のほんの一部に過ぎませんでした。そして議論したのは、そうした超高齢社会という環境に置かれた個人のお金に対する〝あるべき〟向き合い方と、それを実現させるために必要な金融ビジネスのありようだったのです。

そうした背景はともかくとして、問題はその2000万円という数字が今の60代にどんな影響を与えているのかだと思います。退職後の生活に必要な資産規模として、社会に刷り込まれたのではないでしょうか。

「2000万円で足りない」と考える人の保有資産は3600万円

この2000万円という数字はちょっと独り歩きしたように思います。2023年の「60代6000人の声」では、「老後2000万円問題」を60代がどれくらい知っていて、どう評価したのかを聞いています。

老後２０００万円問題を「議論の内容までわかっている」と答えた人は、なんと約６割でした。４年前のこの問題は、現在の60代にとってはど真ん中の議論だったのでしょう。４年前といえば今の69歳が65歳の時で、２０００万円問題の背景にあった家計調査の数値は65歳以上の無職高齢者世帯のものでした。また今の60歳は56歳の時。退職後の生活に一番関心のあった年代だったでしょうから、この年齢層もよく知っていておかしくありません。

私が興味深く感じたのはその評価の方です。「老後２０００万円問題」の評価について、先の質問で「老後２０００万円問題を聞いたことがある」「内容まで知っている」と回答した６０５０人を対象に、図表５にある６つの選択肢から選んでもらいました。

ちょっと工夫したのが、選択肢を大きく２種類に分けたことです。１つのグループは、「老後２０００万円問題」を老後の資金と年金の問題として捉えたものを集めたもので、もう１つのグループは２０００万円という金額の評価を捉えたものとして並列に並べ、合計６つのなかからどれか１つを選ぶ方式としました。

そうすることで、「老後２０００万円問題」が年金の問題として評価されたのか、２０００万円という金額を視点に評価されたのかを見ることができると考えました。その結果、数字の視点で選択肢を選んだ人は、過半数の53・７％でした。やはり「２０００万円という金額」が評価する際の大きなポイントになっていたことがわかります。

また、金額に評価のポイントを置いたなかでは「それでは足りない」との意見が相対的に多いこともわかりました。ちなみに「2000万円では足りない」を選んだ人が26・8%、「2000万円くらい必要」を選んだ人が14・8%、「2000万円も必要ない」を選んだ人が12・1%でした。

それぞれの回答者グループの平均資産額を計算しました。「2000万円では足りないと思う」と回答した人の保有資産額は3600万円強でした。2000万円では足りないと感じていたので、それを上回る資産額を作る努力をしたと考えるのはちょっと早計に感じます。それよりも自身はその規模以上の資産を持っていることを背景にして、「それでは足りないと思う」というある種、余裕の発言なのかもしれません。

そう考えてみると「2000万円くらい必要」だと評価した人の保有資産額平均は2400万円、「2000万円も必要ない」と評価した人の平均は1700万円くらいときれいに整合的になっているのもわかります。

2000万円問題の評価の真相は、自身が保有する資産水準を肯定化することの裏返しなのかもしれません。

一方、金額そのものではなく、「老後に〝年金以外に多額の資産が必要〟であること」にポイントを置いた人は47%弱となりました。そのなかで、27・7%と多くを占めたのが「年金がしっかりしなければならないのに、その結果を個人に押し付けることは納得できない」との指摘でした。

これは当時のマスコミの取り上げたポイントの1つで、ちょうど参議院選挙の真只中だったこと

図表5: 老後2000万円問題に対する評価と各回答者群の平均保有資産額

［老後2000万円問題の評価］

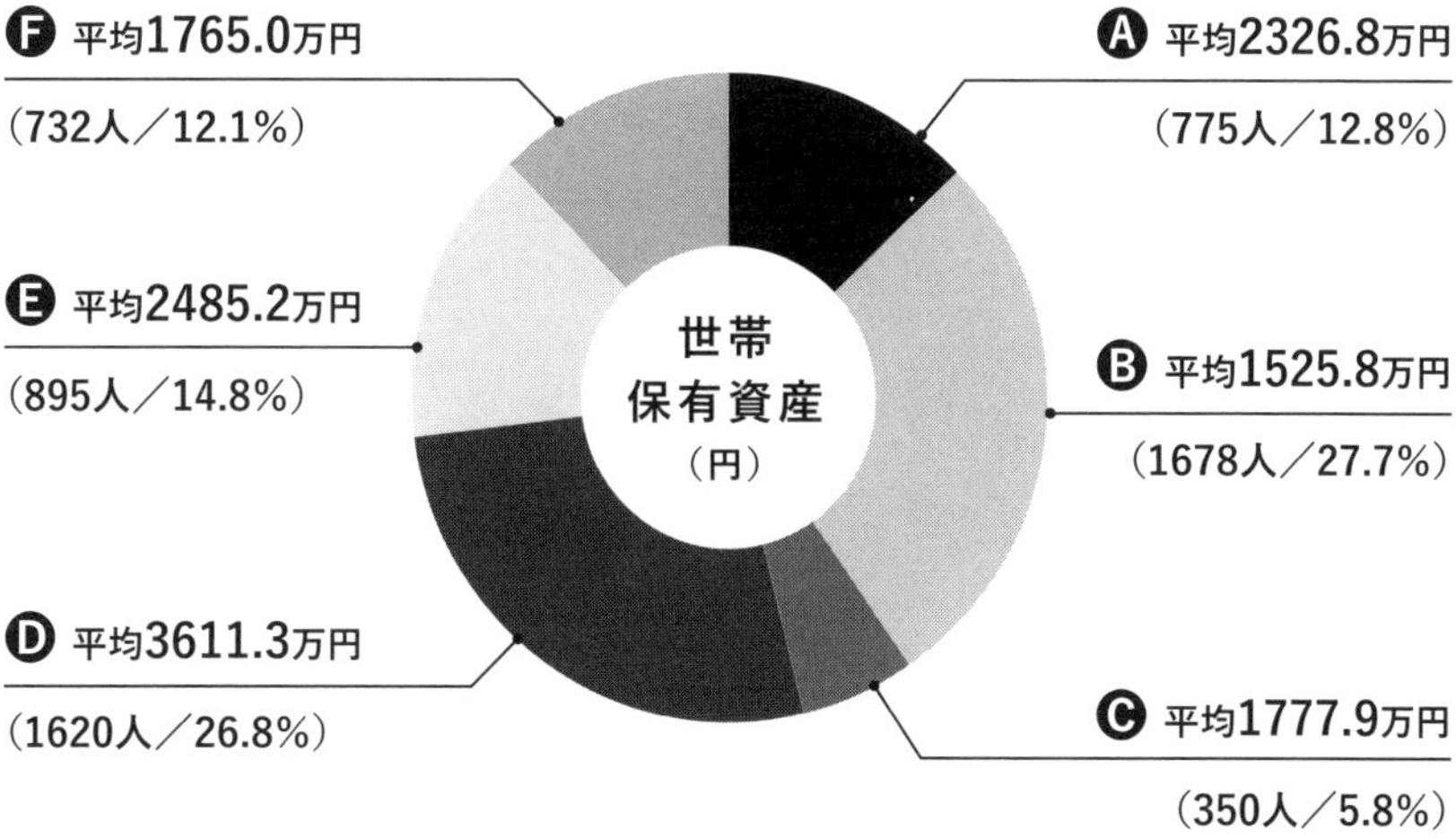

A「老後2000万円問題」をきっかけに老後の資産を考えることができた

B そもそも年金がしっかりしなければならないのに、
その結果を個人につけを回すようなことは納得できない

C 資産がなくても幸せに生活できるので金額はどうでもいい

D 年金以外に老後の生活に必要な資金として2000万円では足りないと思う

E 年金以外に老後の生活に必要な資金として2000万円くらい必要だと思う

F 年金以外に老後の生活に必要な資金として2000万円も必要ないと思う

（注）老後2000万円問題の認知度で「議論の内容をわかっている」3788人と、「言葉は聞いたことがあるが意味はよくわからない」2262人の合計6050人を対象

（出所）「60代6000人の声」、合同会社フィンウェル研究所、2023年

もあって、これが意識的に大きく議論されたことが影響したのではないかと思います。ただ、12・8%の回答者が「老後の生活資金を考えるきっかけになった」という前向きな評価もしていて、批判的な指摘ばかりではないことにはちょっとほっとします。

「老後2000万円問題」の後遺症

さらに2000万円問題は60代の生活満足度に影響を与えたのか、という視点で数字を見てみたいと思います。図表6を見てください。これは、保有する資産額と生活全般の満足度、資産水準の満足度との関係を示したものです。

一目でわかるのは、保有資産が増加するほど（グラフでは横軸で右側に行くほど）、満足度が高まる（縦軸で上に行く）という関係です。これは単純で、「お金があるほど満足度が高くなる」ことを示しています。

ただ、グラフの形状を見ると上に凸型になっていて、これが2つ目の特徴になります。保有する資産額と満足度の関係が途中で変化し、その金額が2000万円辺りにありそうな感じです。「2000万円くらいまでは、保有する資産が増えると満足度の高まり方が大きく、そこから先になると資産額が増えてもそれほど満足度が高まらない」という姿を示しています。これはもしかすると「老後2000万円問題」が影響しているからかもしれません。

もう1つわかる点があります。生活全般の満足度の線が常に資産水準の満足度の線よりも上にあ

図表6: 保有資産額別の資産水準と生活全般の満足度

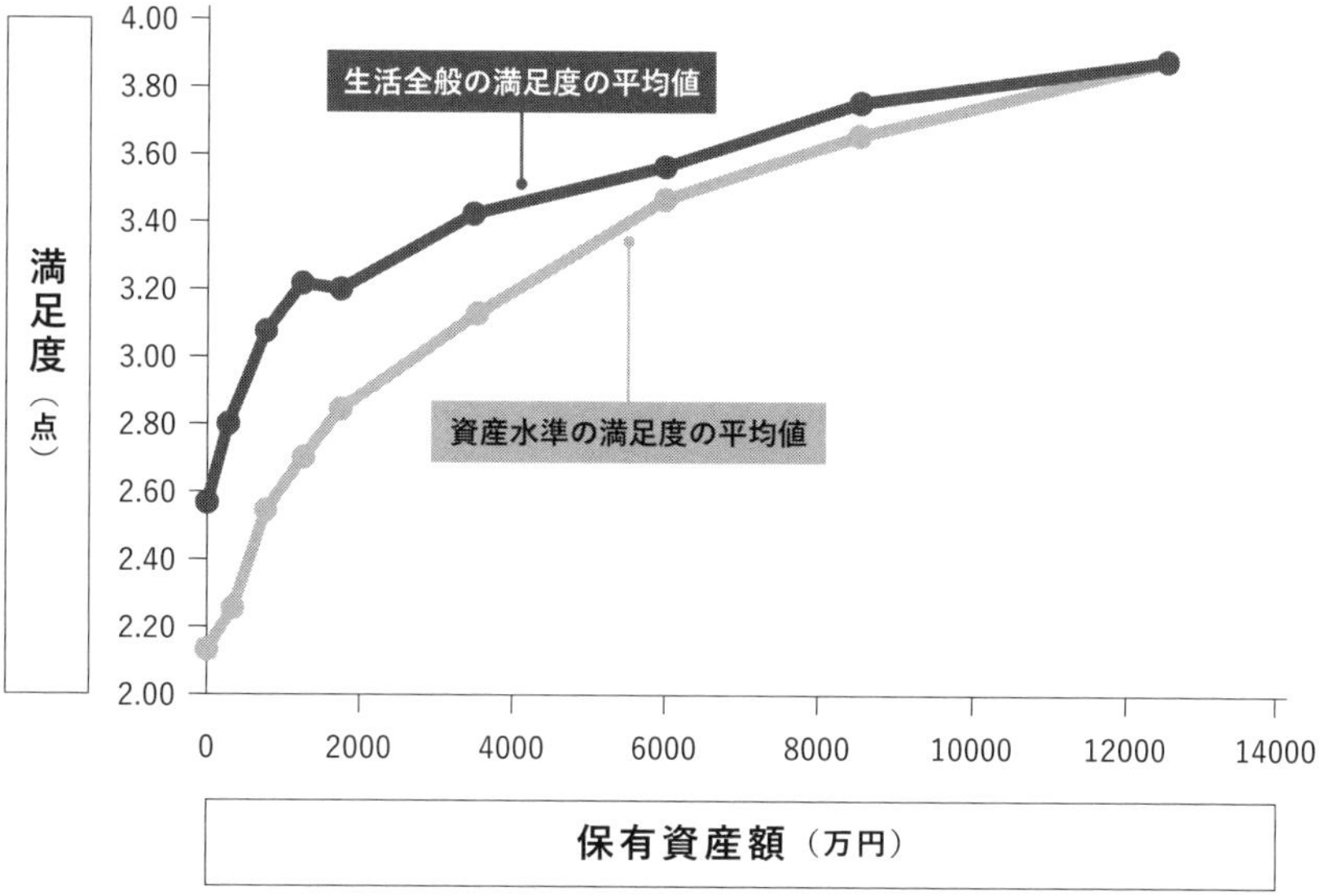

（注）満足度（左軸）は、5段階評価で、「満足できる」（評点5）、「どちらかといえば満足できる」（評点4）、「どちらともいえない」（評点3）、「どちらかといえば満足できない」（評点2）、「満足できない」（評点1）の平均。横軸は保有資産額の回答レンジの階級値。
（出所）「60代6000人の声」、合同会社フィンウェル研究所、2023年

ることです。同じ資産額で見ると、生活全般の満足度の方が常に資産水準の満足度よりも高いという意味です。特に、保有資産額が少ない、例えば２０００万円より少ない場合には、その差が大きいことも特徴としていえます。

「持っているお金の水準に関しては満足できていないけど、ほかのことを考慮すると生活全般では満足している」ということです。満足度からみても、60代が「老後に２０００万円は必要なんだ」という刷り込み

を強く残しているのではないかと感じられます。

また前述の通り老後２０００万円問題に対する評価を聞いたアンケート調査の結果は、２０００万円という数字を評価する視点にしている回答が合計で50％を超えていました。本当は退職後の生活資金は人それぞれなのに、無理やり２０００万円を参照点にしてしまった感じが強くあります。これは後遺症といってもいいような症状ではないでしょうか。

若年層が資産形成に前向きになったきっかけ

もちろん、問題点ばかりではなかったと思います。「それで老後の資金を考えることができた」と評価した人が12・８％いただけでなく、この問題で若年層が資産形成に前向きになってくれた可能性もあります。

この報告書は、結果として正式な報告書として金融審議会に受理されなかったのですが、それでも報告書案として金融庁のホームページに収載されています。後から金融庁の方に聞いたのですが、最もオンライン・アクセス件数の多い報告書となったといわれています。それだけ関心を持たれ、その分、現役層にも何らかの影響があったと考えていいはずです。

２０１９年というのは、ちょうど積立投資が注目され始めたころです。だからこそ、多くの若年層にとって、このマスコミの喧騒が〝老後の資金〟を考えさせるきっかけになったのではないでしょうか。しかも単に話題になっただけでなく、その対策を考えようという行動に移しやすかったという背景もあると思います。

14年から18年にかけてＮＩＳＡ（少額投資非課税制度）、つみたてＮＩＳＡ、ｉＤｅＣｏ（個人型確定拠出年金）といった一連の非課税投資制度が創設・強化されました。スタート当初はいずれも知名度も高くなく、特に若年層にはなかなか遠い存在だったと思います。そこに、19年の２０００万円問題です。退職後の生活費という遠い課題が、比較的身近に騒がれたわけですから、その必要性を認知する機会になったのではないでしょうか。

そして20年からの新型コロナ禍です。それによって、実際に、万が一の時の生活資金を確保することの重要性を実感する機会があったわけです。

こうした流れをたどってみると、制度が用意され、必要性が認識され、そして実感する。まるでマーケティングのセオリーにあるカスタマー・ジャーニーのようなステップで、資産形成の重要性を理解することができたのです。私は、これが昨今の若年層の資産形成の取り組みを活性化させた背景にあるのではないかと考えています。

第2章

リタイアメント・インカムとは?

1 「資産活用」ってなんだ？

さて、退職後のお金との向き合い方を考えるためには、まず**「資産形成」**と**「資産活用」**という2つの言葉を理解しておくべきだと思います。「資産形成」という言葉は最近よく聞くようになったと思いますが、改めて、「それって何？」と聞かれるとどうでしょう。なかには「運用することだろ」と、即答される方もいらっしゃるかもしれません。

正確に定義すると、**資産を創り上げていくこと、またはそのプロセス**だと考えています。これに対して、「資産活用」とは、**創り上げてきた資産をいかにうまく使って生活を豊かにし、その資産の寿命を延ばしていくかということ、またはそのプロセス**だといえます。

登山で考える生涯のお金との向き合い方

もう少しわかりやすくするために、登山で考えてみましょう。図表7のグラフを見てください。向かって左側が山を登る局面ですが、この時期を資産形成と考えます。山を登る時期は主に現役世代で、資産の大きさを山の高さになぞらえれば、いかに高い山に登ることができるかが大切になってきます。しかし、どのように登るのか、どんなルートで登るのか、どんな装備を用意するのかといったことは登る山の高さや難しさに左右されます。

老後の資産を作り上げるという目的の「登山」であれば、退職時期は頂上に到達したときとなるでしょう。その時に最も資産額が大きくなっていることが望ましいプランといえます。そこからは、下山ルートに入ります。登った山が高ければ高いほど、下りていくときは遠くまで行きつけます。

しかし、高いからといって慢心して下りていくのではなく、また低いからといって諦めるのではなく、少しでも緩やかな下山ルートを見つけて、少しでも遠くに行きつく努力が必要です。また山の高さに関係なく、知らないうちに下山のスピードが速くなっていたり、無謀な下山ルートに迷い込んだり、といった危険も伴います。ここにもプランが必要になります。

特に重要なのは、**計画を立てること**です。

資産形成には、マネープランとか、ライフプランが重要だといったことをよく聞きますが、登山だともっと明確です。登山をするときに下山ルートも確認しないまま山に登り始めることは絶対にありません。

図表7：登山で考える資産形成と資産活用

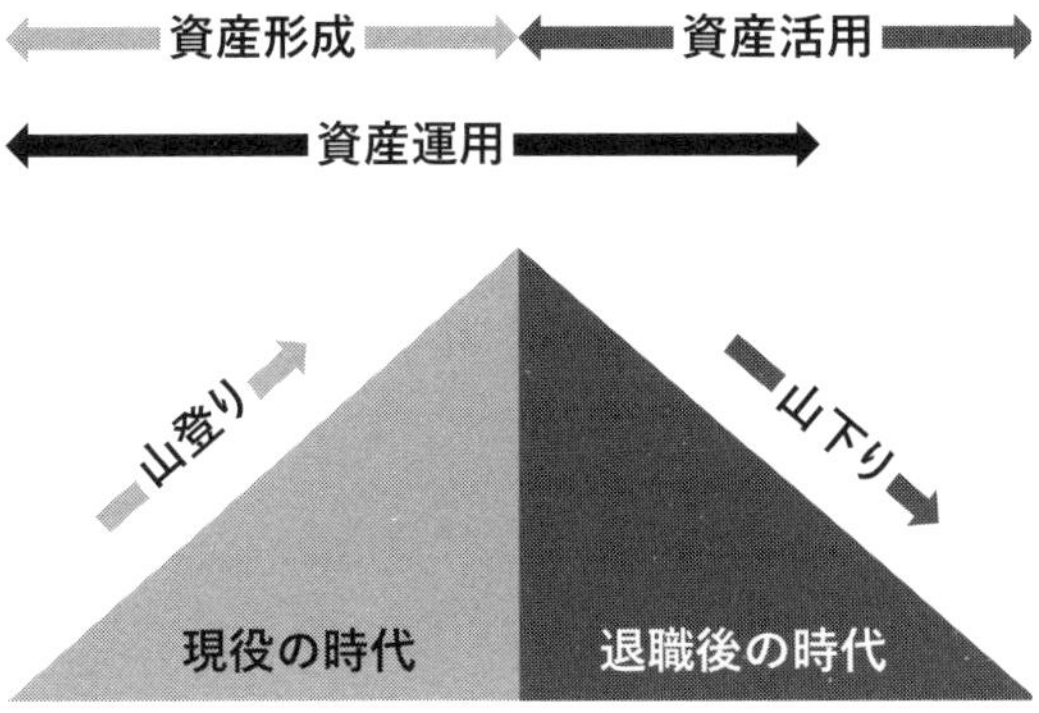

（出所）合同会社フィンウェル研究所

これと同様に、**資産形成・資産活用という〝登山〟も、下山ルートである資産の取り崩しを想定したうえで、生涯にわたるライフプランを見据えながら山登りの第一歩を始めることが大切**になります。

「資産形成」と「資産運用」は同じものではない

先ほどの「資産形成って運用することだろう」という考えも、意外に多くの人が持っているのではないでしょうか。しかし資産形成と資産運用は全く違うものだということも理解しておいてほしい点なのです。

資産形成や資産活用は、達成すべき目標です。例えば、「退職までに2000万円の資産を形成する」という目標であったり、「保有している2000万円の資産を活用して人生を全うする」という目標であったりします。

これに対して、資産運用はそれを達成するための手段の1つです。投資信託などを使った資産運用だけではなく、銀行預金や社内預金などの貯蓄も資産形成の大切な手段です。資産形成は目的で、資産運用は手段なので、「**資産形成≠資産運用**」という点を忘れないでほしいと思います。

図表7をもう一度見てください。資産運用の横向きの矢印は資産活用の途中で切れています。有価証券を使った資産運用は、高齢になるとなかなか継続できない事態が想定されます。認知・判断能力の低下がそうした理由の一番大きな要因でしょうか。

そのため、**最後の10－20年は運用からも完全撤退して資産を取り崩すだけの生活を想定して**おいてもいいでしょう。

「資産活用」とは何をすること？

資産活用という言葉から読者の皆さんが直感的に考えることは、「保有している資産を不動産や有価証券で運用して収益を生むこと」ではないでしょうか。

しかし、繰り返しになりますが、この本で伝えたいのは、それよりももっと包括的で、複雑なものです。**保有する資産を有効に使いながらも、どうすればその資産を長持ちさせられるか**という視点です。**楽しく使って「資産寿命を延ばす」**ということです。

「資産寿命を延ばす」というと、例えば保有する資産を少しずつしか使わなければ、資産は長持ちしますから、これも資産活用の対策とみることができます。

では、取り崩す金額を少なくするためには、何が考えられるでしょうか。

すぐに思いつくのは、節約をして生活費の少ない生活にすることで、取り崩す必要金額を少なくすることでしょう。これは保有する資産が多いか少ないかは関係なく、多くの人ができる対策といえます。

しかし、資産をできるだけ使わないようにすることだけが資産活用ではありません。資産活用は

「持っている資産を退職後の生活のために有効に使う」ということです。もちろんそれですっきりと腹落ちするわけではありませんね。実際に資産活用を行おうとすると、いろいろ複雑なことが絡まって、それほど簡単ではありません。

例えば、「どうすれば〝有効〟に使っているといえるのか」「有効だとしても、使ったらなくなるので、やはりできるだけ使わないようにしたいと思う」などと考えると、右往左往してしまいそうです。「有効」というのは個人の感性も影響するので人それぞれでしょう。

ただ、はっきりしていることはせっかくの退職後の人生なのですから、楽しくなければ意味がありません。お金を荒く使うことが楽しいわけではないでしょうから、**自分の生活水準を維持しながら心豊かに生活を楽しむこと**がまずは大前提です。そのうえで、**資産がなくならないようにどうするかを考える**べきです。

ちょっと脱線しますが、最近本屋さんに行ってみると、投資やお金の話の本が多く出ていることに気が付きませんか。でもそれらの本の多くはいわゆるノウハウ本で、こうすると「ちょっとしたお得」がありますよ、といったアイデア満載の本です。

それは大切なアングルですが、先にしっかりとしたお金に対する考え方があってこそ、そうしたアイデア、ノウハウが生きてくるように思います。先にアイデアありきでは、どんどん本質から離れていってしまうように思います。

特に「資産活用」は、実は最近広がり始めたばかりの分野なので、まだまだ基礎が理解されていません。しかもこの本で紹介していく通り、より包括的なアプローチですので、そのためノウハウよりも、そもそも退職したらお金とどう向き合うかという「お金との向き合い方」「お金に対する考え方」を知ることがまず重要だと思います。

この本はそうした視座に立って書いていこうと思います。何か方向感とか、指針のようなものは、人それぞれの退職後の人生のあるべき姿を判断するための核となるものと考えています。

3つの収入のバランスを考える

序章でも書きましたが、退職後の生活を考えるときには、私は次の式を紹介するようにしています。

生活費＝①勤労収入＋②年金収入＋③資産収入

これは、退職後の生活は、先に生活費があって、それをどういった収入で賄うかという順で考えるという意味を持っています。この３つの収入が日本における**リタイアメント・インカム**です。

退職したからといって、全く勤労収入がなくなるわけではないと思います。アルバイトやパートタイムでもいいでしょう。少しは働いて得る収入があることが多いかと思います。もちろん多くの場合、それで生活費を賄える水準ではありません。逆にもし賄えているのであれば、それはまだ退職しているという状況ではありません。

勤労収入で生活費を賄えないなら、その足りない部分をほかのどんな収入でカバーするのかを考えてみましょう。

例えば公的年金を受け取れる年齢でなければ、企業年金や資産収入でカバーすることができます。60歳で定年を迎えて、再雇用契約となった場合に、「給料は昨年までの半分以下だ」なんてよく聞きますが、そうなると生活費が賄えなくなるのなら、年金を受け取れるまでの間は保有している資産を取り崩して生活費の補填とすることが考えられます。

保有資産のなかには、現役時代の資産形成で作り上げてきた資産のほかに、退職金とか企業年金といったものも入れることができるでしょう。

この場合には、
生活費＝①勤労収入＋③資産収入
のパターンを想定するというわけです。

さらに65歳になっても年金の受け取りを繰り下げて、例えば70歳からの受給開始にすると考えるなら、もう少しの間、資産を取り崩して生活に充当する時期が長くなるかもしれません。

５年繰り下げることで受け取れる年金が42％増えるのであれば、70歳からの生活はたとえ勤労収入がなくなったとしても、多めの年金収入と少なめの資産収入で生活費を賄うという計画も立てられます。

その場合には、

生活費＝多めの②年金収入＋少なめの③資産収入

となります。

もちろん３つの収入を同時に確保するという考え方もできます。その場合には、勤労収入をできるだけ長く持たせる工夫、例えば60代になってからもリスキリングとかといったスキル向上を求める必要が出てくるかもしれません。

さらにもう１つの対策があります。それは生活費を削減することです。生活費そのものを削減できれば、勤労収入だけで生活できる期間が長くなる可能性もあります。

60歳の定年後に65歳までそうした期間を過ごせるのであれば、

生活費＝①勤労収入

でやっていけます。

そこまで生活費を削減できなくても、生活費の削減によって取り崩す資産額を抑制できますし、勤労収入がなくなった後でも年金収入でかなりの部分を賄うこともできるようになります。

少ない生活費＝多めの②年金収入＋かなり少ない③資産収入

といった形になれば、非常に望ましいのではないでしょうか。

もう1つ大切な視点があります。勤労収入では年齢的な限界があり、年金収入では一度受け取り始めると金額が固定されてしまいます。

収入面で柔軟性が残っているのは実は資産収入だけなのです。そのため、保有する資産を増やすことも大切な資産活用の一環です。

しかし、平均として高い収益率を得られたとしても、必ずしもそこから取り崩すことで得られる「資産収入が増える」とは限りません。**上手な運用ができたとしても取り崩し方を間違えると、資産収入の総額が増えていないということもある**のです。この点は本書の中核になるところですから、第3章から第5章でしっかりと解説をさせていただきます。

ちょっと現役時代のことについても考えておきましょう。実は先ほどの等式の現役時代用は、

図表8：収入と支出の等式（現役時代と退職後時代の違い）

［現役時代］

勤労収入 ＝ 生活費 ＋ 貯蓄・資産形成

［退職後時代］

生活費 ＝ 勤労収入 ＋ 年金収入 ＋ 資産収入

（出所）合同会社フィンウェル研究所

勤労収入＝生活費＋資産形成額（＝将来の生活費）

ということで、こちらは勤労収入から考えるという流れです。

勤労収入から現在の生活費を賄って、残った部分で将来の生活費を賄うための資産形成に回すという意味です。もちろん先に将来の生活費分である資産形成を取りおいて、残りで現在の生活をするという形でも問題はありません。いずれにしても勤労収入が最初にあるという点が、退職後の等式とは大きく違う点です。

3つのうち、最も柔軟性がある「資産収入」をどう増やすか

ここで紹介したいろいろな考え方すべてが、「資産活用」だと思っています。「有効な」というのは、退職後の人生に「有効な」使い方という意味では「楽しむ」ことでしょうし、多様な対策を駆使するという視点では「効率的な」という意味でもあると思います。

現役時代に苦労して作り上げてきた資産ですから楽しんで使いながら、資産の使える期間を延ばすこと、すなわち資産の寿命を延ばすことで、安心した退職後の生活を維持できるようにすることが資産活用だといえるでしょう。

繰り返しになりますが、資産寿命を延ばすには、前述した退職後の生活の等式、「生活費＝勤労収入＋年金収入＋資産収入」の４つの項目について、①生活費を引き下げること、②勤労収入を少しでも多くすること（または長く受け取れるようにすること）、③年金収入を少しでも多く受給できるようにすること、④資産収入を長く・多く確保できるように取り崩し方を考えること、をバランスよく組み合わせることだと思います。

そして、**最も柔軟性のある資産収入をどうやって増やすかが大きな注目点**になります。

「資産活用」は、これらすべての項目で対策を行う包括的なものです。「運用するほど資産が多くない」という人でも、ほかの項目を使って資産活用をすることが可能ですし、国民年金だけだったので年金収入が少ないという人は、勤労収入や生活費の削減、資産運用と資産の上手な取り崩しで対応するといった多様な方法をとることができます。それは、対策をポートフォリオのように組み合わせで考えることです。

「資産活用」は有価証券運用や不動産の活用といった狭い分野の話ではないということが大切になります。ただ、生活費、勤労、年金、資産運用といった分野では、多くの知見が本やＹｏｕＴｕｂｅなどでシェアされていますが、資産運用とその資産の取り崩しについてはあまり知見が共有されていません。この本ではその点を重点的に紹介することにします。

2 「勤労収入」をもう一度考える

ここからは4つの項目について、それぞれどう向き合うべきかを一緒に考えていきたいと思います。まずは「勤労収入」です。

私の視点は、**収入は少なくてもいいので長く、楽しく働けること**がポイントだと思います。64歳の私にとって、この本は自分のこととして、どうお金と向き合ったらいいのかを整理しつつ書いているものでもあります。

「定年≠退職」の時代

64歳になってどうしても使いたくない言葉が「老後」です。確かに「老後2000万円問題」などの〝使われてしまった言葉〟はほかに言いようがないので使っています。しかし私の言葉として使うときには、今は「老後」は使いません（実は昔、『老後難民』なんていうタイトルの本を出していたのですが）。代わりに「退職後」という言葉を使うことにしています。

もちろん「退職後」というのもなかなかあいまいな言葉です。そこで「退職後」という言葉には定義をつけたいと思っています。少なくともこの本のなかでの定義は決めておいた方がいいように思いますし、実はこれが、「資産活用」の考え方の基本にもなると思っています。

私の退職についてお話をしておきましょう。会社員としての最後は外資系の金融機関でしたが、そこには60歳定年制度がありました。外資系で定年があるのかとか、定年が60歳なのか、といった指摘もあるでしょうが、実際には日本では60歳定年の会社が多いのが実情です。

「高年齢者等の雇用の安定等に関する法律」では、企業に対して65歳まで働けるように定年制の廃止などを義務付けていますが、厚生労働省の2022年「高年齢者雇用状況等報告」によると、集計対象23万5875社で高年齢者雇用確保措置を実施しているのは23万5620社と99・9%に達します。しかしそのうち定年制を廃止している企業はわずか3・9%、定年の引き上げをした企業は25・5%に留まっています。70・6%は継続雇用制度の導入で対応しているのです。

継続雇用制度は、一度定年で退職した後、**新たな雇用契約を結んでその会社で継続して働く形の「再雇用制度」**と、**定年になっても退職をせずそのまま雇用を継続する「勤務延長制度」**があります。私の知っている限りでは再雇用制度がほとんどですが、**再雇用の場合、60歳定年までの処遇とその後の処遇が大きく変わる**ことが特徴です。

個人の目線では「定年」という言葉が、働くこと自体に関してあまり意味を持たなくなったと思います。結果として、65歳までの雇用が義務付けられても、定年がなくなったのではなく、「定年退職」という時代になっただけです。

そうなると、次の働くことの節目は再雇用制度で義務付けられている65歳になったときとなります。同じ会社に継続雇用で働いてきた人にとっては、65歳になったときにはとうとうその会社を「退職」することになります。「65歳＝退職」という考え方です。

お金の面から考えると「勤労収入＜生活費」＝退職

しかし、

「退職しても少しは働きたいな」

「そうだな、社会の役に立ちながら少し給料をもらえるといいよな」

こんな会話もよく聞きます。

65歳を迎えるにあたって、その後もまだ少し働きたいという思いを持っている人は多いと思います。いや実際には、65歳以上で何らかの形で働いている人はかなり多くいます。「労働力調査（基本集計）」で２０２２年のデータを見ると、65－69歳の就業率は男性で61・０％、女性で41・３％に達しています。でもちょっと考えると、〝退職したのにまだ働く〟というのは変な表現です。これでは「65歳≠退職」です。

そこで、退職をお金の面から考えてみたいと思います。再雇用の場合には、給与は大幅減になり、職責も変わります。それどころか50代でも役職定年と呼ばれて収入が大きく減る場合さえあります。

もちろん65歳以降の仕事も、収入は生活の足しにでもなればいいといった目線ではないでしょうか。その収入の変化を前述した生活の等式「生活費＝勤労収入＋年金収入＋資産収入」に当てはめてみましょう。

現役時代は、「勤労収入＝生活費＋貯蓄・資産形成」でしたが、退職後には「生活費＝勤労収入＋年金収入＋資産収入」になります。退職によって、生活の等式の左辺は勤労収入から生活費に変わりました。これは、現役時代の「勤労収入＞生活費」が、退職後に「勤労収入＜生活費」へと変わったことを示しています。言い換えると「退職後」とは「仕事をしない」という意味ではなく、「生活費を賄えるほど勤労収入がない」状態とみることができます。

定年後の再雇用の時期では、まだ年金収入を見込めませんが、大幅減とはいえ勤労収入がある程度見込めます。それでも足りない部分は、現役時代に作り上げてきた資産からの取り崩し（＝資産収入）も活用します。

65歳で会社を辞めて年金を受け取りながら、少しは勤労収入が見込めるなら、無理に資産を取り崩す必要はないかもしれません。もちろん年金収入と勤労収入だけで足りなければ資産を取り崩さざるを得ないこともあるでしょう。さらに完全に働けなくなったら年金収入と資産収入だけで生活するようになってきます。

お金の面から考えて、**退職とは「仕事（職）にすべて依存することから辞する」**と解釈してみると、わかりやすいのではないでしょうか。

「退職」したら積立投資は卒業、だが資産運用は継続

ちょっと脱線しますが、積立投資と退職について持論を紹介しておきます。

積立投資が若い人たちのなかで流行っています。なかには60代、70代になってもリスクを軽減するために積立投資をするべきだという考えを持っている方もいらっしゃるかもしれません。

ただ、先ほどのように「退職」をお金の視点で見ると、勤労収入が生活費を下回った段階では、「勤労収入＝生活費＋資産形成」の等式が成り立ちません。給料から積立投資をする余裕がなくなります。その段階で、積立投資からは卒業することになります。

もちろん給与から積み立てることができないだけで、それまで積み上げてきた有価証券資産での運用は継続することができます。いや、すべきです。**積立投資はできないけれど、投資の継続はできる**というのが、退職後のお金との向き合い方の大事な側面です。

保有する現金預金を何度かに分けて投資をするという積立投資もある、といわれるかもしれません。それも確かに時間分散投資です。

でも私の考え方では、それは給料から資産を作るという積立投資ではなく、「**分割投資**」と呼ぶことにしています。

５００万円の資金を10万円ずつ積立投資するというのは時間分散の理屈通りですが、資産形成で

はありません。これは資金の総額を預金から有価証券に時間を分散して移していくという、いわばスイッチングの手法だと思いますから、時間分散を使った「分割投資」と呼ぶべきだと思います。

退職で変わる向き合う相手

また退職すると、夫婦で向き合う時間が増えるといわれます。

確かに私も会社に行かなくなったところでそうなりました。ただ、コロナ禍のなか現役の方でも自宅で仕事をすることが多くなれば、同じだったのではないでしょうか。夫婦で向き合う時間が増えるかどうかは、退職とは直結しないのではないかと思っています。

個人的には、それよりも**自分の向き合う相手が「会社」から「社会」へと変わった**ことが、大きな変化でした。先ほどの言葉を思い出してください。

「そうだな、社会の役に立ちながら少し給料をもらえるといいよな」

役に立とうと思う相手が「会社」だった時代を終えて、何のために働くかの目的が変わってくるように思います。私は60歳で起業しましたが、それまでの会社員としての活動から、現在はほかの人ために役に立つ仕事をしようと思っています。もちろん何らかの報酬は必要ですが、「社会」のためになるかどうかが自分の判断材料の大きな部分になっています。

「会社」から「社会」へと文字が反転するだけですが、心の中では大きな変化です。

「本当に継続雇用でいいのか」を考える

資産活用の視点で退職後も働くことを考えるときに、「継続雇用でいいのか」を一度考えてほしいと思います。

65歳まで継続雇用ができたとしても、その先もさらに仕事を続けたいと思うときに、**65歳まで同じ会社で働くことがプラスなのか**、ということを考えておく必要があります。例えば、65歳までの間に何か新しいスキルを身につけるとか、65歳よりも前に新しいやり方で仕事を始めるといったことも大事かもしれません。

私の場合の60歳以降の仕事との向き合い方を少しお話しします。私が定年を迎える際に考えたことは、２つでした。１つは「これまでやれなかったことをやっていきたい」、もう1つは「少ない給与でもいいのでできるだけ長く仕事ができるようにしたい」という点でした。

資産の取り崩しという話題を議論しようとすると、金融機関のなかでは限界があります。なぜなら金融ビジネスは、資産残高が増えることがビジネスの拡大として認識されるものです。しかし、取り崩しはその資産残高を減少させる方法です。しかも、現状の金融ビジネスは金融商品に紐づいて収入が成り立つように作り上げられていますから、残高が減るようなアドバイスが多くなればなるほど、収入の原資が減り、収益性を悪化させることになります。

もちろんそうしたサービスを提供する金融機関にこそ顧客が集まり、金融機関のメリットになることはわかっていても、目先のデメリットの方が大きく映ります。結局、既存のビジネスモデルのなかでは限界がありますから、資産の取り崩しを議論しようとすると、自分で会社を作ることがカギになることがわかりました。

自分で会社を作って仕事を続けるのは、「給与は少なくても長く続ける」という資産活用のアイデアにもマッチしたわけです。

Column 1

私の会社設立物語

「60歳定年」も意外と悪くない

私の誕生日は1959年4月ですので、2019年4月末で定年を迎え、従来の雇用契約はいったん解消されて、5月から1年契約の雇用関係がスタートしました。その一方で、自分一人で活動する会社を立ち上げ、いわゆる「シニア起業」をしました。

それまではずっと、60歳という年齢条件だけで雇用形態が変わることに批判的でしたが、今は60歳定年も悪くないと思っています。これが65歳定年だったらきっと起業はしてなかっただろうと思うからです。

私の仕事は、退職世代に対する〝お金の Thought leadership〟です。馴染みがない言葉かもしれませんが、Thought Leadership とは〝新しい考え方を世間に対して提示〟する活動です。令和のスタートとともに、19年5月に合同会社フィンウェル研究所をスタートさせました。

当初の2年間は、継続雇用で従来の仕事を週3日続けながら、残りの時間で自分の会社の活動を「複業」として始めました。その後に完全独立しますが、それまでの2年間はまさしく二足の草鞋でしたが、ちょうどいい助走期間でもありました。会社名のフィンウェルは、Financial Wellness を短くした FinWell です。お金の健全度といった意味で、退職世代をターゲットに、「高齢者が安心して資産活用ができる超高齢社会を目指す」ことを Vision にしています。

いいかげんな起業の決意

ところで、今でこそある程度落ち着いてきたのですが、当初、起業をするといっても何から始めていいのかわかりませんでした。実は私はそれまで起業を全く考えたこともなかったのです。もともとは個人事業主としてやっていく程度のつもり、いや「個人事業主って何？」って程度の理解でした。「会社を立ち上げる」といっても、「どうすればいいのか」「そもそも自分が作るとしたらどんな会社があるのか」「まさか株式会社を作るってわけじゃないし」といった、まあなかなか厄介な水準からスタートしました。

定年を迎える半年くらい前だったと思います。知人の税理士に「会社を作りたいんだけど助けてくれる？」って相談に行きましたが、なかなか要領を得ません。というのも私が何も決めていない段階で、「何したらいいの？」って程度で聞きに行ったからでしょう。要領を得なかったのは税理士ではなく私だったのです。

そこで友人に勧められるまま、ノウハウ本を数冊買い込んで読んでみました。そこでやっと「定款」に書くためには「何をやりたいか」を文字にすることが必要でそれは、継続雇用の外資系企業の仕事との棲み分けも必要になります。といっても、やっている自分はどちらも同じ野尻哲史で……。

やはり専門家は必要

ところで最近のノウハウ本は凄くて、本の中にＵＲＬとパスワードが記載されていて、定款やその他の会社を立ち上げるのに必要な書類をダウンロードできるようになっています。「これは簡単！」と、さっそく自分でほとんど書類を作り上げることができました。ただ、実際に法務局に申請しようとすると、急に不安になります。結局、司法書士にアドバイスと実際の申請を頼むことにしました。やっぱり一人で何かをやろうとすればするほど、専門家の力を借りるというのは必要です。

2019年4月6日（土）は忘れられない日になりました。自分の誕生日の翌日に、乃木坂のレストランを借りて仲間の皆さんに来ていただいて家族主催の定年パーティを行いました。最初に私が司会をちょっとやりましたが、後は3時間ほど参加者の自走式でパーティが進んでいきました。会費制にもかかわらず120人を超える参加者が集まってくださいました。

そこに集まってくださった方を中心に多くの仲間が私の起業を助けてくださいました。司法書士を紹介していただいた会計士のHさん、会計と税のサポートをしてくださる税理士のMさん、システム関係のアドバイスをしてくださるHさん、ロゴの作成にアドバイスをいただいたTさんとわが息子、弁護士は同窓生のWさん。みんなこうしたネットワークで快く力を貸してくれました。もちろん有料ですが（笑）。

シニア起業で本当に必要なのは、自分の知識というよりも、知識を持ったたくさんの人たちのつながりだと改めて思いました。

3　地方都市移住による生活費削減

働くことに続いて生活費の削減について考えます。ここでのポイントは「生活水準を下げないで生活費を下げる」ということです。

「手持ちの資産で何とか足りる」と考える人が7割弱

「あなたにとって今保有している資産は自分が退職後の生活を続けるのに十分ですか」

皆さんは、いかがでしょうか。「60代6000人の声」のアンケートでは、「保有する資産で自分

図表9：保有資産額（金融資産と不動産）別にみた「自分の寿命をカバーできるか」

（単位：％）

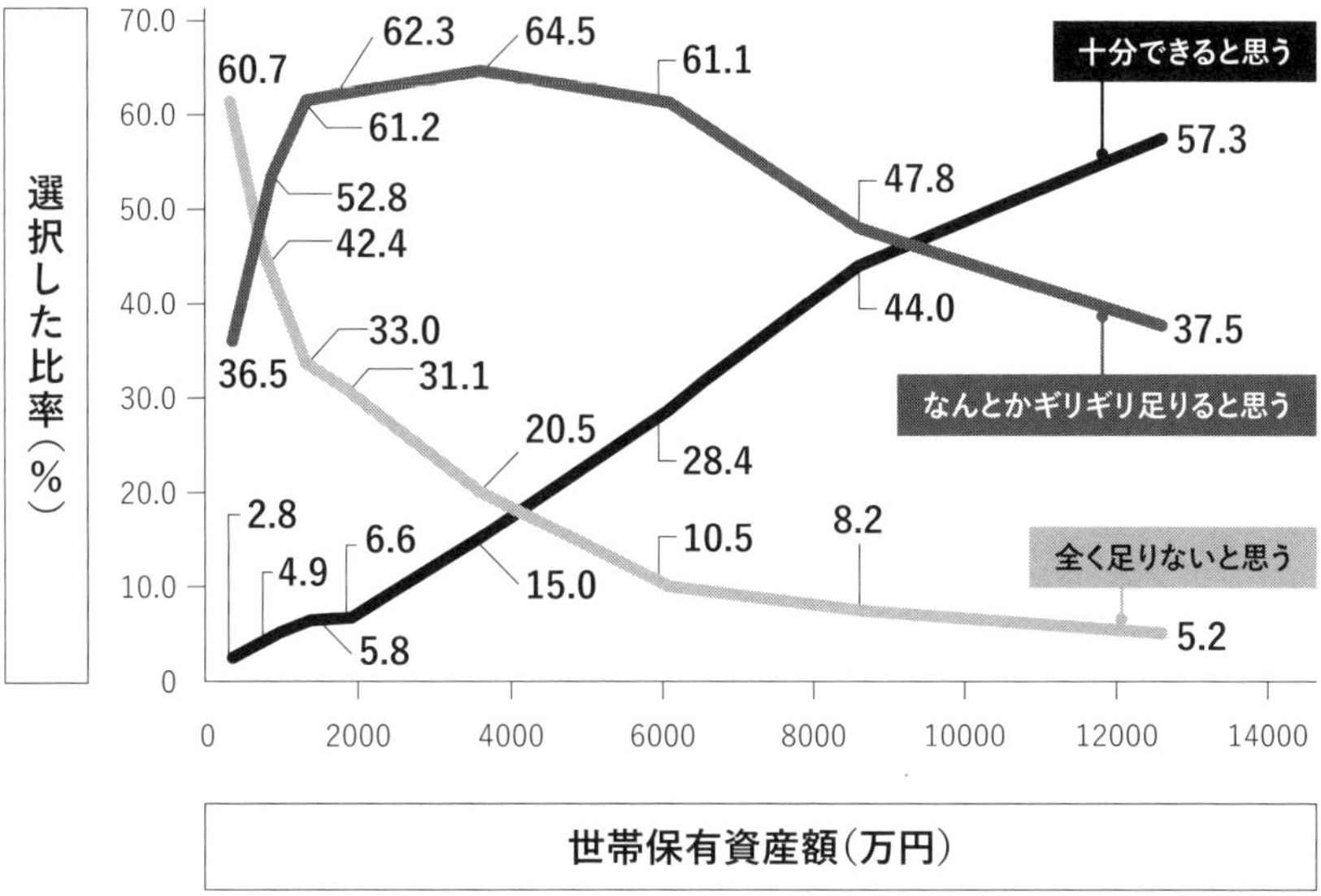

（注）保有資産があると回答した4988人が対象。
（出所）「60代6000人の声」、合同会社フィンウェル研究所、2023年

の寿命を十分カバーできる」と回答した人は14・3％でした。また「何とかギリギリ足りると思う」人は52・3％、「まったくできない」と答えた人は33・4％に留まりました。

保有する資産で自身の人生を最後までカバーできそうだと考えている60代が、全体の7割に達していますが、その大半が「何とかギリギリカバーできる」という水準であることがわかります。

実は保有資産が500万円以下と少なくても、「何とかギリギリ足りる」と考えてい

る人は36・5％でした。「十分できる」と思っている人2・8％を加えると4割弱に達していて、意外に多いんだなという感想を持ちました（図表9）。

資産活用には包括的な対応策があるので、それを有効に使っていれば「何とか足りる」と考えていてもおかしくはありません。ただ、ちょっと疑問も残ります。もう少しこのアンケートデータを深掘りしていきましょう。

生活費、なかでも食費の削減で対応する人が多い

2つの視点で深掘りしてみます。第一の視点は、生活費の削減を想定することで少ない資産でもなんとか生活できると考えるパターンです。

「(今の資産で退職後の生活は）何とかギリギリ足りると思う」と回答した2608人を対象に、その資産寿命の延伸の対策を分析しました（図表10）。最も多いのが「生活費を削減する」というもので、901人、34・5％を占めています。「十分できると思う」と回答した人は14・0％が挙げているだけですから、それと比べてウエイトが高いことは大きな特徴です。

ただ、生活費の削減というときに食費を切り詰めるとしている人が61・8％にも達しているので、言ってみれば、「資産寿命は何とかなると考えている」人の多くが、食費を減らして資産寿命の延伸を図ることを想定しているようです。

しかしこれはあまりうれしい退職後の生活とは思えません。生活水準を下げ、生活満足度も下

図表10：資産寿命の評価別の資産寿命延命策

（単位：%、人）

		資産寿命の延命策				
		生活費を切り詰めて支出を抑える	少しでも長く働いて収入を得る	資産を株・債券・投資信託などで運用する	その他	回答者数
保有する資産寿命の評価	全　体	33.6%	32.5%	16.4%	17.4%	4988人
	十分できると思う	14.0%	19.5%	35.6%	31.0%	714人
	なんとかギリギリ足りると思う	34.5%	31.1%	16.9%	17.4%	2608人
	全く足りないと思う	40.6%	40.3%	7.4%	11.6%	1666人

（注）四捨五入の関係で合計が100%にならない
（出所）「60代6000人の声」、合同会社フィンウェル研究所、2023年

がった退職後の暮らしになってしまいます。

しかし生活水準を下げないで生活費を下げる方法もあります。その具体策の一つが、生活拠点を地方都市に移す「地方都市移住」です。

移住と聞くと、田舎の一軒家とかログハウスでの生活といった田舎暮らしを想像される方も多いかもしれません。退職後の新しい生き方として十分魅力的なスタイルですが、それは誰にでもできるというものでは

ないと思います。

しかし、地方都市であればそれほどハードルは高くないと思います。「60代６０００人の声」でも、東京、名古屋、大阪の３大都市に住んでいる60代２１４９人のうち17％が、地方都市移住を検討していた、または検討していると答えています。実に６人に１人が地方都市への移住を考えたことがあると答えているわけで、密かに検討している人は多いようです。

特に新型コロナ対策の一環でリモートワークでの仕事も可能になったことから、60代になって今の仕事を続けながら住む場所はコストの安いところに変えるというのが現実的になったのではないでしょうか。私もオンラインでの仕事が半分以上になっていますから、東京に住んでいなくてもかなりの作業はできるわけです。

もちろん、地方都市でなくても構いません。今住んでいるエリア内で、子どもがいなくなったことで一気に住む家のダウンサイジングをするといった選択肢も検討する価値があると思います。

生活費は落としても生活水準は落とさない方法

その際に、「生活費を落としても生活水準は落とさない」というのが重要な視点となります。地方〝都市〟であれば、生活水準はそれほど変化させないでも、住宅費は半分程度に、日々の生活費も数％安く済ませることが可能になります。

「60代６０００人の声アンケート」の折に、実際に愛媛県松山市に移住された方にインタビューしました（Ｃｏｌｕｍｎ２を参照）が、その方は「東京に住んでいた頃の家賃は月に20万円台、松山に移住して５万円台に減った。この差額を利用して月１回東京や大阪に趣味の集まりに行くようにしている」と話していました。こうした生活のパターンは、生活費の削減と生活水準の維持という２つの望みをうまくこなしている実例だと思います。

「60代６０００人の声」では実際に移住した４３５人に移住の評価を聞いています。それによると、72・６％の人が移住して「良かった」と回答し、そう評価した理由として一番多く挙げたのが、「生活費の削減」（複数回答可で31・４％）でした。一方で、「思ったほど良くなかった」と回答した人にも、そう思う理由を聞くと、38・４％の人が「思ったほど生活費が下がらなかった」ことを挙げています。**地方都市移住の評価のカギは、生活費の削減にある**ことがわかります。

ちなみに、地方都市に移住するとどれくらい生活費が削減できるかを統計データから見てみましょう。

１つ目の数値は、消費者物価指数です。総務省統計局が発表する「小売物価統計調査（構造編）の年報」から、全国平均を基準とした10大費目別（家賃を除く）の都道府県庁所在地の消費者物価地域差指数を使って、東京23区との比較値を算出してみました。それが図表11です。東京23区を１００とすると、道府県庁所在都市でも95とか96で、４−５％安いことがわかります。

それ以上に大きな違いがあるのが住居費です。マンションの購入価格を比較するデータがありませんので、その代わりに小売物価統計調査（動向編）から民営家賃の水準で東京23区と比較した家

図表11：消費者物価地域差指数

（注）人口30万人以上の都道府県庁所在都市が対象。総務省小売物価統計調査（構造編）、2021年、10大費目別消費者物価地域差指数（家賃を除く総合）で東京特別区部を100として指数化。

（出所）合同会社フィンウェル研究所

図表12: 地方都市の民営家賃指数比較

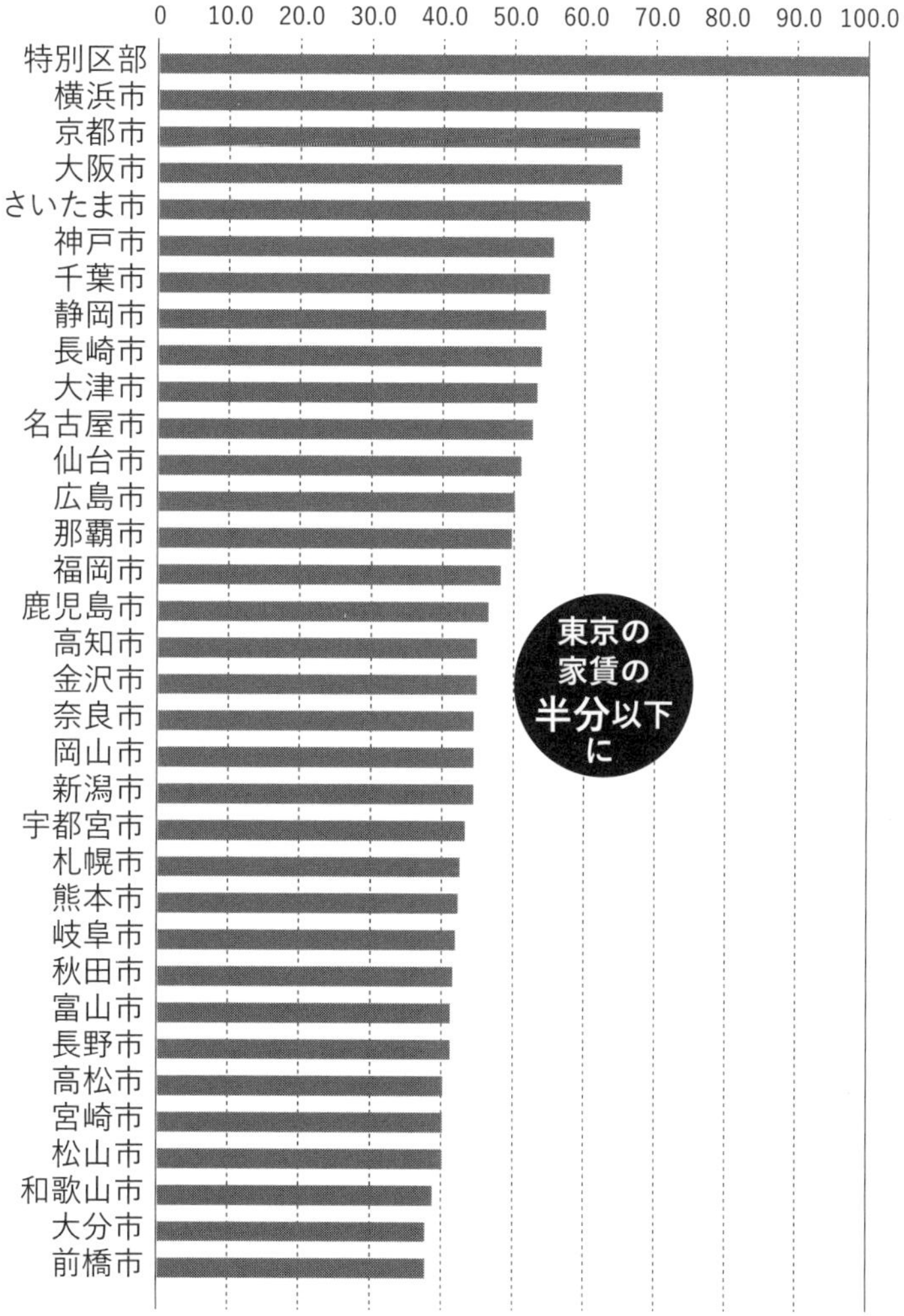

(注)人口30万人以上の都道府県庁所在都市が対象。総務省小売物価統計調査(動向編)、民営家賃の水準を東京特別区部を100として指数化。

(出所)合同会社フィンウェル研究所

賃指数を作ってみました。こちらは図表12です。家賃指数で比較すると東京23区を１００とすると、50前後の水準、すなわち東京の半分の家賃で住めるというわけです。

60代になると多くの方が持ち家を実現していますから、移住して賃貸ということはあまり考えられません。しかし、家賃比較で分譲価格の違いの大まかな感触をつかむことはできるのではないかと思います。

移住に関する個別インタビューを受けていただいた方のなかには、「横浜で購入したマンションは大幅に値下がりしたものの、その売却額で岡山の新築マンションを買うことができた」といった方もいました。こうした地方都市移住によるメリットは十分に資産寿命の延伸に効果があると思います。

Column 2

地方都市移住 ——松山に移住して家賃は4分の1

私は長らく「退職後の移住先として〝四国〟松山市に注目しています」とお伝えしてきました。そしてやっと愛媛県松山市に移住されたMさんにインタビューするチャンスをいただきました。

松山市にUターン、家賃は月5万円、車もいらない生活

松山市生まれのMさんは、取材当時64歳。高校を卒業後、大学時代は京都、卒業後は大手金融機関に入行し、大阪、ニューヨーク、東京と転勤。しかし金融危機の折に金融機関は経営破綻し、その後に製造業に転職するなど、多くの変遷を経たビジネス人生を送りました。61歳で退職して、25年間住んだ東京から故郷の愛媛県松山市に夫婦で移住されました。今は松山駅から南に2㎞ほど離れたところで、60㎡ほどの賃貸マンションに住んでいらっしゃいます。そして「来年3月には新築1戸建てが近くに完成して、そこに移る予定」とのこと。

自宅の新築で蓄えのほとんどを使ってしまったが、60歳から受け取っている企業年金、62歳からの公的年金、それに駐車場からの賃料で、「生活費は十分賄えている」とのこと。しかも奥様は薬剤師として働いていらっしゃって、「アルバイト程度の収入はある」とのこと。金融資産はほとんどないが、家はあってキャッシュフローは確保されているという典型的なパターンです。

趣味は観劇と登山。歌舞伎、演劇が好きで登山の仲間もいるMさんは、コロナ禍前は毎月、東京か大阪に出かけて趣味を楽しんでいました。東京にお子様家族

が住んでいて、孫の顔を見るのも楽しみとのこと。松山市は空港までのアクセスがいいこともあって、こうした東京や大阪との実質的な距離の近さも魅力なのかもしれません。

松山市は家賃が安い。「東京のつつじが丘近辺で生活していたとき、家賃は月20万円くらいだったが今の賃貸マンションは月5万円」。実に家賃は4分の1で、この差額だけでも月に1週間くらいの東京や大阪への観劇旅行代は十分に捻出できます。その意味でもこの移住は採算にあうように思います。またそれだけ家賃が安いにもかかわらず、公共交通は使いやすく車のいらない生活が送れているとのこと。

移住して溶け込める人、そうでない人

ただMさんは「松山への移住を誰に対してもお勧めするというわけではない」とのこと。松山はかなり保守的な土地柄で、部外者が中に入るのは簡単ではないと指摘します。もちろんすんなりと溶け込む人もいるのだが、「溶け込める人とそうでない人の違いはどこにあるのかまだ自分にもわからない」とも。

Mさんは〝四国松山市〟という私の表現には違和感があると指摘されました。

「四国とは伊予、土佐、讃岐、阿波の４つの国の意味で、それぞれ文化的・経済的な差異が大きい」と、まさしく地元への思いが強い方なのかもしれません。これが理解できることが溶け込めるかどうかの違いかもしれないな、と私自身はそんな感想を持ちました。

4 年金収入——退職してからでは増やす方法は限られる

次は年金収入です。退職後の生活に欠かせない収入源はやはり公的年金です。「60代６０００人の声」でも、68・６％の人が最も頼りになる収入は公的年金だと回答しています。現役層、特に若い人たちは「自分たちは将来、年金をもらえないのではないか」と不安に思うかもしれませんが、決してそんなことはありません。人口構成が大きく変わって給付額が減る可能性は常にありますが、既に年金の半分ほどは財政で負担している時代ですから、単純な現役層と退職層の比率だけで給付がなくなるといったことは考えにくいのです。

公的年金は退職後の生活の大きな柱になるものですから、公的年金への加入はしっかりとしておくことをお勧めします。

退職世代には「繰り下げ受給」しか年金を増やす方法はない

ところで60代になってみると、「公的年金をどうやって増やすか」という課題に対する限界がわかってきます。単純ですが、**保険料の支払いが終わってしまうと、もう給付額を増やす方法は、繰り下げ受給しかない**というのが実態です。

もちろん繰り下げ受給の効果は大きいので、それを行うことは十分検討に値しますが、そもそも受け取れる資金のプールを増やす方法がなくなるので、現役時代にこの点はしっかりと理解して準備を進めることをお勧めします。

ちなみに、繰り下げ受給の効果に関しては、多くの書籍が言及していますので詳細は、そうした本を読んでほしいところです。

ただ大まかな概要を申し上げると、**1か月繰り下げるごとに給付額は0・7%ずつ増加しますから、65歳から70歳まで繰り下げれば、受給額は42%（＝0・7%×60か月分）増加**することになります。

65歳から年間２５０万円の受給額が見込まれている方であれば、３５５万円に増えることになります。これはかなり大きなメリットです。

繰り下げ受給を考える際に、受け取れる総額を計算して、「どちらがお得か」といった指摘をすることもあります。いくら年間の受取額が増えても、受給を遅らせた分だけ受け取る年数が少なくなるから、総額を考えて比較をする必要があるという指摘です。

例えば65歳から２５０万円を毎年受け取るのと、70歳から３５５万円を受け取る場合を比較してみます。２５０万円×５年間分＝１２５０万円を、70歳からの年間１０５万円の増加分で割ってみると、11・９年と計算できます。70歳から受け取る場合の総額の方が、65歳からの受取総額を上回るためには、11年11か月以上受給する必要があるとなります。すなわち「82歳まで生きていないと、繰り下げした本当のメリットはない」という結論になるわけです。

正直なところを言えば、こんな計算をしてもあまり意味はないと思っています。もちろん受給総額を考えることは大切ですが、いつまで生きているかはわかりません。

それを考えるよりは、毎年の受け取る金額を前提に、資産活用のロジックをしっかり組む方が意味のあることだと思います。

公的年金をどう受け取るかが重要

資産活用のロジックとは、勤労収入、年金収入、資産収入の３つをどの時期にどれくらいを、どのように組み合わせて受け取るかを考えることです。

例えば、シンプルに考えるためにもうまったく働かなくなったとして、勤労収入をゼロとして考えます。65歳まで働いてそのあとは一切、働くつもりはないというスタンスなら、選択肢としては大きく、

①　公的年金収入を65歳から通常の受給額（ここでは250万円とします）で受け取りつつ、不足分は資産収入でカバーする

②　公的年金の受け取りを70歳まで繰り下げて（ここでは42％増額の355万円とします）、その間は資産収入を活用する

の2つになります。

例えば、年間生活費を400万円として、①の場合で公的年金収入が250万円なら、不足分は150万円となります。これを資産収入でカバーするといったスタンスです。

もし100歳までの人生だとすれば、5250万円（＝150万円×35年間）の資産収入合計額を用意する必要が出てきます。利子の付かない預金なら65歳時点で5250万円が必要となります。

一方、②の場合なら、70歳までの5年間は年間400万円、合計2000万円の資産収入を生活

費に充当することになります。70歳以降は繰り下げで増えた公的年金収入355万円を使えば、不足する分は45万円となり、これを資産収入でカバーすることになります。この場合100歳までの資産収入の合計額は3350万円（＝400万円×5年＋45万円×30年）となります。

この数字を比較すると、保有資産を70歳までに多く使っても、繰り下げ受給による年金受給額増加の効果が大きいので、②70歳まで繰り下げする方がかなり有利だといえます。

年金受給開始は「65歳から」と「70歳から」どちらがラクか

しかし、最終的な合計額だけではどちらが良いかを判断できません。途中経過における人の心持ちまで考えると、別な見方も出てきます。

例えば、65歳で3500万円の金融資産を持っていて、そのうち2500万円を預金に、1000万円を有価証券運用に回しているとします。ともに差し当たりの生活費には預金を取り崩して充当するとします（次ページ図表13）。

70歳まで受給を繰り下げる②の場合、当初の5年間で2000万円を使うことになりますから、70歳時点で預金は500万円になっています。運用資産1000万円がありますが、まだ運用して5年しか経っていませんから、どれくらい儲けが出ているかわかりません。70歳の段階の心持ちを考えると、かなり不安が増しているはずです。

一方で、①65歳受給開始の場合には、引き出した後、70歳の時点で預金は1750万円残ってい

図表13：取り崩しの途中経過でみるお金に対する心持ちの変化

① 65歳で250万円の年金受給開始、生活費400万円との差額150万円を預金から取り崩す
=100歳までの取り崩し必要総額は**5250万円**

② 70歳までの5年間は生活費400万円すべてを預金から引き出す。繰り下げて70歳から355万円（42%増）の年金受給開始、生活費との差額45万円を預金から取り崩す
=100歳までの取り崩し必要総額は**3350万円**

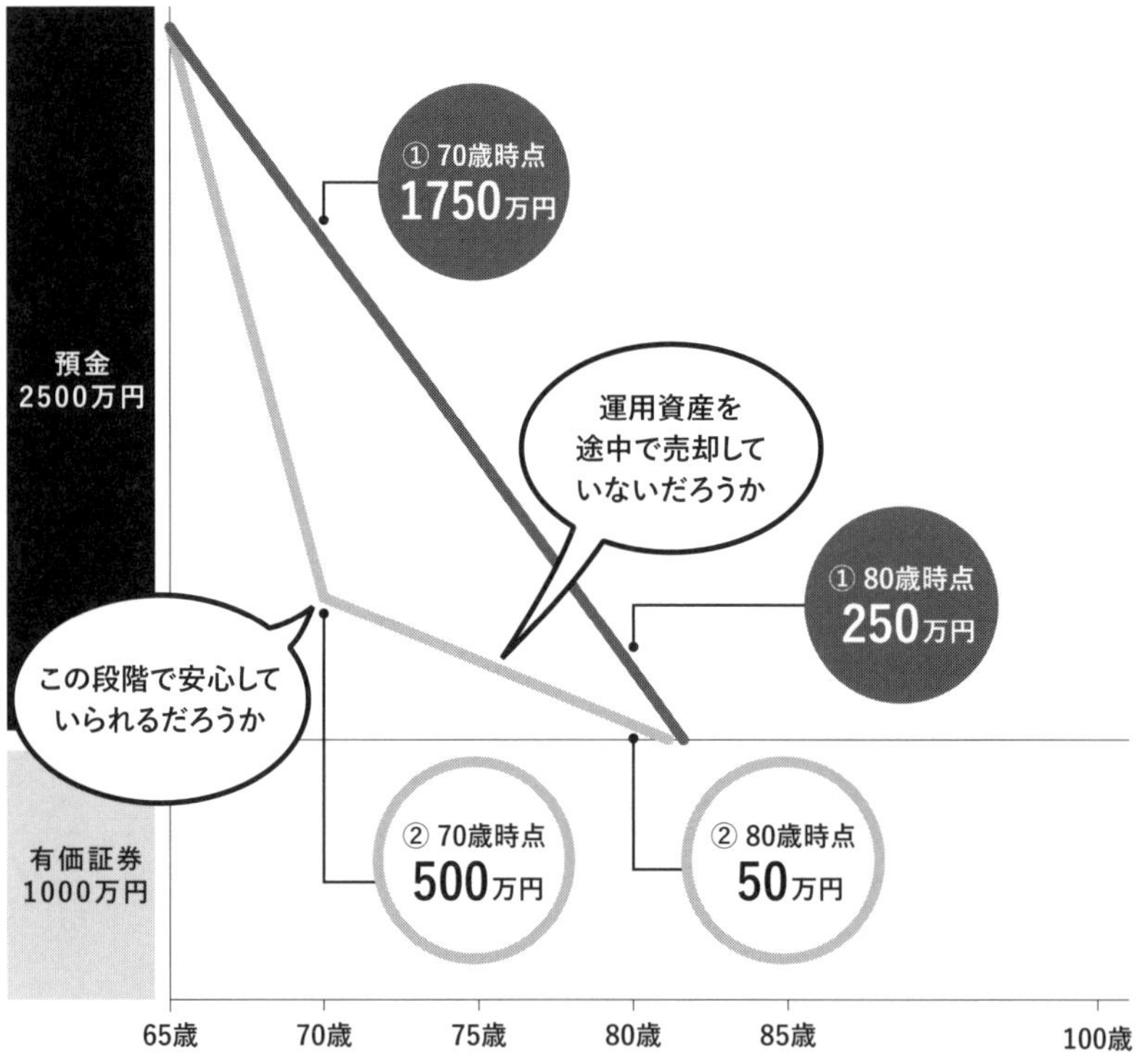

（注）考え方を示したもので将来を予測するものではありません。
（出所）合同会社フィンウェル研究所

ます。このほかに当初１０００万円あった運用中の有価証券もあります。70歳段階では①の方が心持ちは相対的に落ち着いているのではないでしょうか。

さらにそれから10年後、80歳の時の資産を考えます。①の場合、預金残高は２５０万円残っていますが、②の場合には50万円にまで減っています。もちろんそれ以外に当初資金１０００万円で運用している有価証券があります。10年の運用期間があればある程度収益が見込まれると思いますから、その分で元本１０００万円の運用資産は増えていることでしょう。とはいえ、預金が２５０万円と50万円では、①の方が安心感は大きいと思います。

それに、②の場合には預金の残高が大きく減っていますので、有価証券での運用分を80歳よりも早い段階で取り崩して、預金にすることで安心したいと思うかもしれません。いや、そもそも早い段階で運用をあきらめているかもしれません。

一方で①の場合には、10年から15年くらいは運用している有価証券に手を付けないでいられる可能性が高いので、その分のメリットが見込めるかもしれません。

もちろんこれは繰り下げ受給によって受取総額が多くなることのメリットを否定するものではありません。ただそれが必ずしも心持ちの面ではメリットをもたらさない可能性があることを示しているにすぎません。

しかし、こうした**心理面での不安定さが、お金と向き合うときには大きな影響をもたらしかねな**

いということは、指摘してもしすぎることはないでしょう。

また、「企業年金や確定拠出年金の受け取りを65歳から70歳までのつなぎの資金として考える」アイデアもあります。ただ、私はこれらも資産収入の原資の一つとみていますので、①と②のバリエーションではないかと考えています。

さらに65歳から79歳までの資産の減少ペースを緩やかにするという視点で考えると、その間に少しでも勤労収入を得られることも大切になります。

こうしてみると、資産活用においては、収入のバランスを考えるということがいかに大切かというのがおわかりいただけるのではないでしょうか。

年金の税金も考慮する必要がある

資産の取り崩し方だけではなく、税金に関しても考えておく必要があります。課税所得を分散させることで、税率の引き下げ、課税額の引き下げが可能になるからです。

70歳まで年収150万円で働くことを想定します。生活費は400万円として、その不足分をカバーするように、

① 70歳まで公的年金は繰り下げ受給とし、それまで毎年資産収入250万円を見込む

② 公的年金は繰り下げしないで65歳から250万円を受け取る

という２つの場合を想定しみましょう。

わかりやすくするために、シンプルにしてみます。公的年金は課税所得（雑所得）ですから、勤労収入と合わせて課税されます。ただし、公的年金には「公的年金等控除」という税のメリットがあります。ここでは65歳からの控除額１１０万円、社会保険料を20万円と想定します。

①の場合には、勤労収入１５０万円から給与所得控除55万円を差し引いて給与所得95万円、さらに社会保険料20万円、基礎控除48万円を差し引くと課税所得は27万円となります。この金額だと税率は５％ですので納税額は1万３５００円となります。もし配偶者がいれば配偶者控除38万円も控除すると課税所得は０円となり、納税額も０円となります。

一方、②の場合には、①と同様の課税所得27万円のほかに、公的年金２５０万円が所得としてあります。公的年金は雑所得として扱われ、公的年金等控除１１０万円を差し引いて課税所得が計算されますので、課税所得は１４０万円となります。勤労収入からの課税所得27万円と合計して合計の課税所得は１６７万円となり、税率５％で税額は８万３５００円です。ここでも配偶者控除があれば税額は６万４５００円となります。

①と②の差はほぼ６－７万円となりますので、①の方が支払う税金は少なくて済みます。

そのほかにも、確定拠出年金を年金受取にすると、それも公的年金と合算して課税所得として計算する必要があります。

また65歳以降に働いて得る収入と受け取る年金の合計が月額48万円を上回ると、在職老齢年金制度で支給される年金の一部または全部が停止される場合もあります。かなり複雑になりますので、こうした点は税理士などにも相談する必要が出てきます。

いずれにしても、**この時期の取り崩しには課税後の金額を強く意識する**必要があると思います。海外では、資産活用で最も重視されるのは課税戦略（タックス・ストラテジー）といわれていますので、われわれもその点を十分に認識しておく必要があります。

5 「資産収入」を考える

年金のところでも言及した通り、退職後の生活をどの収入で賄うかと考えたときに、常に3つの資産のバランスが重要だといえます。

そのなかで資産収入はほかの2つと比べると重要度が高いものだと考えています。勤労収入は一般的に加齢に伴って減少し、どこかで依存できなくなります。年金収入は一度受け取り始めると確定してしまい、増えることはありません。資産収入だけが上手なアプローチで増やすことや減らすことなど柔軟に対応できる収入です。

ただ、３つの収入のなかで最も可能性があるだけに、最も難しいものが資産収入だと思っています。

資産収入は柔軟性が高いだけに難しい——下山ルート選択の重要性

図表７でもまとめましたが、資産活用とは登山で考えると、山を下る局面のことになります。山の高さを保有する資産の多さになぞらえるとすれば、山を下っていかに遠くまで辿り着けるかは山の高さが大きく影響することはわかりやすいでしょう。遠くまで行く、すなわち資産が枯渇しないで長くもつためには、高い山に登る、資産を多くしておくということは重要なポイントになります。

しかし誰もがそうした高い山に登れるわけではありませんし、既に頂上付近に来ているプレ退職世代には今からもっと高い山を目指せと求めることも難しいでしょう。ただ、それほど高くない山でも、なるべく緩やかな下山ルートを探し、それを辿ることで、少しでも遠くまで行ける工夫をすることは可能です。逆に高い山だとしても、急峻な下山ルートを選んだことで結局遠くまで行けない場合もあります。しかもその方が怪我をする可能性も高くなります。

下山ルートの選択こそが資産収入の取り崩し方といえるわけで、それが「資産の枯渇＝怪我」を避ける力になるのです。

どんな登山家でも下山ルートの確認なしに登山を始めることはしません。

お金との向き合い方でも同じで、資産活用という下山ルートは、資産形成という登山ルートの先にあるものですから、「どの山をどう登るかと合わせて、その山をどう下るか」も一緒に考えておかなければならないものです。

団塊の世代までは預金だけで退職後の生活が成り立った

ではなぜ日本では「資産活用」が根付いてこなかったのでしょうか。

私は、「退職後は預金で生活する」という定番の下山ルートが出来上がっていたからだと思います。現在の70代以上の方は、現役時代に資産形成を貯蓄で行って、その現金と退職金を合わせて、その後の生活に充当するというパターンで人生を考えてきたように思います。団塊の世代はその現役時代に高い金利の貯蓄が可能でしたから、それで十分だったともいえます。

その結果が、個人金融資産における現金・預金の拡大です。それは、登山と下山がそれぞれ直線的に描かれるような山の姿、登山のパターンとして映しだされます。

ところが１９９０年代の後半あたりから「高齢化」が懸念されるようになりました。65歳以上人口の総人口に占める比率を高齢化率と呼びますが、国連の定義ではその高齢化率が７％を超えると「高齢化社会」と呼ばれます。日本がその水準に達したのは１９７０年でした。

しかし実際に高齢化への対策が注目されるようになったのは90年代に入ってからでした。政府が初めて「高齢社会対策大綱」を閣議決定したのが96年です。この頃に高齢化率は14％を超え、国連

図表14: 高齢社会対策大綱の変化

1996年7月 第1回高齢社会対策大綱	ゆとりある高齢期の生活に資するため、高齢期の所得の安定を目的とする金融商品等の開発、各種金融サービス等の充実を通じて自助努力による資産形成を促進するとともに(…)。
2001年12月 第2回高齢社会対策大綱	ゆとりある高齢期の生活に資するため、(第1回と同文)。 **あわせて、高齢者の有する資産を活用して高齢期の生活資金を賄う方法について環境整備を推進する。**
2012年9月 第3回高齢社会対策大綱	ゆとりある高齢期の生活に資するため、勤労者の在職中からの計画的な財産形成を引き続き促進する。 また、判断能力が不十分な高齢者の安全な財産管理の支援に資する**成年後見制度の周知を図る。**
2018年2月 第4回高齢社会対策大綱	ゆとりある高齢期の生活を確保するためには(…)**つみたてNISA**等の普及や利用促進を図るとともに、勤労者が資産形成を開始する(…)よう、職場環境の整備を促進する。特に、(…)まずは国家公務員がつみたてNISA等を広く活用するよう、「職場つみたてNISA」等の枠組みを導入し(…)。 **イ)資産の有効活用のための環境整備** 高齢期に不安なくゆとりある生活を維持していくためには、(…)**資産の運用と取崩しを含めた資産の有効活用**が計画的に行われる必要がある。 高齢投資家の保護については、**フィナンシャル・ジェロントロジー**(金融老年学)の進展も踏まえ、認知能力の低下等の高齢期に見られる特徴への(…)。

(出所)「高齢社会対策大綱」の各回をもとに合同会社フィンウェル研究所作成

の定義では「高齢社会」と呼ばれるようになっていました。「化」が取れたということは、進行形ではなく、日本の社会がはっきりと高齢者の多い社会として定義された時代です。

第1回の「高齢社会対策大綱」では、資産に関する対策として、資産形成を進める文言が並んでいます。しかし資産活用に関しては全く触れていませんでした。90年代前半までの預金金利の高さを考えると、退職時に退職金も含めた資金を預金に預けておけば、減ることなく確実に増えるという考え方が定着していたのでしょう。

ほとんどの人が現役時代に貯蓄で資産を作り、それと退職金を持って退職し、銀行預金にしておけば、退職後の生活は問題ないと考えていたわけです。

その時代の退職後のお金との向き合い方はシンプルでした。「保有している資産を自分の生きるであろうその後の年数で割って、1年間に使える資金を見込めばいい」だけです。

65歳まで働いて、85歳までの20年間を想定すれば、手持ちの資産が2000万円なら、「自分の場合、年間100万円くらいは使える」、または「年間100万円までしか使わない」というマネープランが立てられます。わかりやすい、しかも簡単な計算でできるものです。

100歳まで生きると、資産2000万円では「年57万円」しか使えない

2016年に翻訳版『LIFE SHIFT 100年時代の人生戦略』(東洋経済新報社)が大ヒットして、一気に人生100年時代という言葉が流行しました。

その本の序章にある「いま先進国で生まれる子どもは、50％を上回る確率で１０５歳まで生きる」とした指摘が、お金との向き合い方にも大きく影響しました。

金融機関のセミナーでは、多くのセミナータイトルに「人生１００年時代の……」という冠が付くほどに多用されて、あたかも「長生きが不安である」と煽るようにして使われました。いや、まだ使われています。

正直なところ１０５歳まで生きられるのかどうかわかりませんが、先ほど20年間の退職後生活に２０００万円あれば、年間１００万円使えるというロジックは、65歳から１００歳までの35年間に引き直してみると、「年間57万円しか使えない」ということになります。

またもし１００万円ずつ使っていたら「最後の15年間は資産０円で生きることになる」といった懸念につながったわけです。

こうしたなかで２０１８年の秋から始まった金融審議会市場ワーキング・グループでは「資産形成と取り崩し」が取り上げられ、18年には閣議決定された第４回「高齢社会対策大綱」にも「取り崩し」が盛り込まれるといった新しい動きが生まれてきました（図表14を参照）。

世界一高齢化が進んだ日本にはＧＤＰの４倍弱の２０００兆円強の個人金融資産があります。その３分の２は高齢者が保有していると推計されますから、日本こそ退職後の生活のための「資産活用」の議論がもっと盛んであってもよかったはずです。

「退職金で投資デビュー」はなぜキケンなのか

ところで、その頃から注目され始めたのが「資産運用で資産寿命を延ばそう」という考え方です。

ただ、ここまで読んでいただいた読者は、資産寿命を延ばすのは資産運用だけではない、とおわかりいただけていると思います。そのため、金融機関が勧めれば勧めるほど、「資産運用で資産寿命を延ばそう」というアイデアはかなり危険な匂いを漂わせていることも感じられるはずです。最も厄介なのは現役時代に現金・預金で資産を作り、退職金を受け取った退職層が、この言葉に惑わされて初めて資産運用、しかもリスクの高い資産運用に乗り出すというパターンです。

私が以前に勤めていたフィデリティ投信が行った「ビジネスパーソン1万人アンケート」では、10年以上前の2010年調査で、現役世代に「投資をしない理由」を聞いたところ、48・4％が「投資をするだけのまとまった資金がないから」と答えていました。その人たちが、10年後、15年後に退職金という「まとまった資金」を受け取ったら、資産運用をやりたくなる理由ができてしまい

ます。これが以前の高齢者の投資の主流だったのではないでしょうか。

もちろん、「まとまった資金がないから投資をしない」とする人の比率は積立投資が認識され、定着するにつれて徐々に低下し、今では20％台に減少しているはずです。ただ、今の60代はまだそうした積立投資に慣れていない世代です。

それでも、「60代６０００人の声」に回答していただいた６５０３人の60代のうち保有資産が５００万円以下の層でも23・５％の人が投資をしています。退職金での投資というよりも現役時代から資産運用を続けているという証左のように思えます。

２０１４年に導入されたＮＩＳＡ（少額投資非課税制度）、17年にニックネームがつけられて広がったｉＤｅＣｏ（個人型確定拠出年金）、18年のつみたてＮＩＳＡ。こうした制度の充実が現役時代からの資産形成を後押ししたことは言うまでもありません。その結果が、「保有資産５００万円以下の層でも４分の１が投資を行っている」という数字につながっているように思います。

預金の取り崩しから、有価証券資産を取り崩す時代へ

もう一度、退職した段階で現金・預金が主流の時代を考えてみましょう。

その時の資産寿命の考え方は、保有している資産を残りの寿命で割って、年間の使える金額を算出するものでした。その計算によって、毎年１００万円とか、57万円とかといった金額がすぐに出てくるわけですが、これは毎年同じ金額を生活費に充てるという発想ですから、「定額取り崩し」と

呼んでいます。

この取り崩しでは、できるだけ引き出す金額を〝抑える〟ことが資産寿命を延ばすことになります。そのために、例えば「毎月10万円しか引き出さない」といった引出額のコントロール、または使いすぎを戒めることが大切になってしまいます。これで大半の議論に片が付くため、日本において資産の取り崩しを中心にした「資産活用」の多様化は遅れざるを得なかったと思います。

しかしこれからはそうはいかないと思います。「60代6000人の声」に回答していただいた6503人の60代のうち金融資産を保有している4988人に聞くと、資産運用を行っている人は49・6％に達しています。今や60代で金融資産を保有している人の半数が資産運用を行っている時代です。さらにこれから退職を迎える世代は、NISAやiDeCoといった投資を使った資産形成に馴染んできましたから、より多くの人が有価証券を保有して退職を迎えることになります。

退職金制度そのものが変わって、退職金の代わりに確定拠出年金やiDeCoプラスなどの資産形成手段を厚くする企業も出てきています。

転職や起業、副業の拡大で労働市場の流動化も加わるでしょうから、これも退職時点において、現金・預金ではなく有価証券で資産を保有する人を増やす方向に働きます。

そうした大きな流れは、これまでの現金・預金を取り崩して退職後の生活の糧にするというパターンから、有価証券から資産を取り崩して退職後の生活に充当させるパターンに変わっていくことになるでしょう。

「目的」と「手段」ではリスクの概念が違う

少し視点を変えて、資産の取り崩しまたは「資産活用」をリスクの面から考えてみたいと思います。「資産活用」の段階でも運用を続けることから、いわゆる投資のリスクが存在します。金融業界では投資のリスクは「パフォーマンスのばらつきを示すもの」とよく表現されますから、資産活用においてもリスクを考えるときには投資のリスクと同じように思われがちです。

しかし、**「資産活用」というのは、「資産形成」と同様に、投資という「手段」を使って達成する「目的」**だという点を見落としてはいけないと思います。

「資産形成」でも「資産活用」でも、「手段」として使う投資にはリスクが存在し、その特性を示すものとして収益率の平均値やそのばらつきを使うことに異論はありません。ただ、原則は、「手段」は性能で評価しても、「目的」は達成度で評価するべきだと考えます。

例えば、「資産活用」の目的を〝65歳で保有する３０００万円の資産で、95歳までの快適な生活を支える〟と設定してみます。

ここで数値化されていないのは「快適な」という条件だけですが、「快適な生活」をあえて「毎月10万円の引き出し」で満たされるものと想定すれば、３０００万円の資産がすべて預金なら、90歳までの25年しか持ちません。手段としての預金のリスクは限りなくゼロに近いのですが、それを使った「資産活用」では目的の達成度は０％です。

もちろん毎月の引出額を8万円強に減らして「快適な」生活と想定できれば、達成度は100％になります。**資産が預金だけの場合だと、「95歳までの快適な生活を支える」という目的そのものを修正することが求められる**のです。

資産活用で大切なのは、「目標」の達成度です。これを念頭に置いてどのように資産を取り崩していくのがよいかを次の章から考えていきたいと思います。

Column 3

金融リテラシーと金融詐欺被害

金融リテラシーという言葉を聞くようになったと思います。これは、家計の管理ができるとか、金融商品の知識があるといったことのほかに、適切な金融行動ができることなども重要な要素になります。

最近は、「金融リテラシーを高めて資産形成を積極的に行おう」といった意味合いで使われることが多いのですが、資産活用層では、運用よりも保有する資産を守るという観点から金融詐欺被害にあわないことの方が重要に思えます。

金融リテラシーの水準はあまり金融詐欺被害に影響しない

これまで何度か紹介している「60代６０００人の声」アンケートでは、60代の金融詐欺被害の実像も聞いています。回答者は60代６５０３人ですが、そのうち金融詐欺被害にあったと回答された方は４４１人でした。全体に対して、６・８%の方、15人に１人の比率で金融詐欺被害にあっているということですから、私が思っていたよりも多いというのが実感です。

その被害率を金融リテラシーの水準ごとに分析したのが図表15です。ただ、単純に金融リテラシーと金融詐欺被害率を分析しただけではなく、自己評価のレベルも加えてみました。まず客観的な金融リテラシーの水準は、金融広報中央委員会の「金融リテラシー調査」で採用されている「金融リテラシー・クイズ」(図表16)を使いました。５問それぞれを20点として、１００点満点で採点してみたところ、平均点は46・９点でしたから、３問以上正答できて平均を上回っていることになります。

さてグラフの折れ線で示したように金融リテラシー・クイズの得点と金融詐欺被害率の関係を見ると、ほとんど横ばいで、あまり関係がなさそうなことがわか

図表15：金融リテラシーの客観評価と自己評価別の金融詐欺被害率

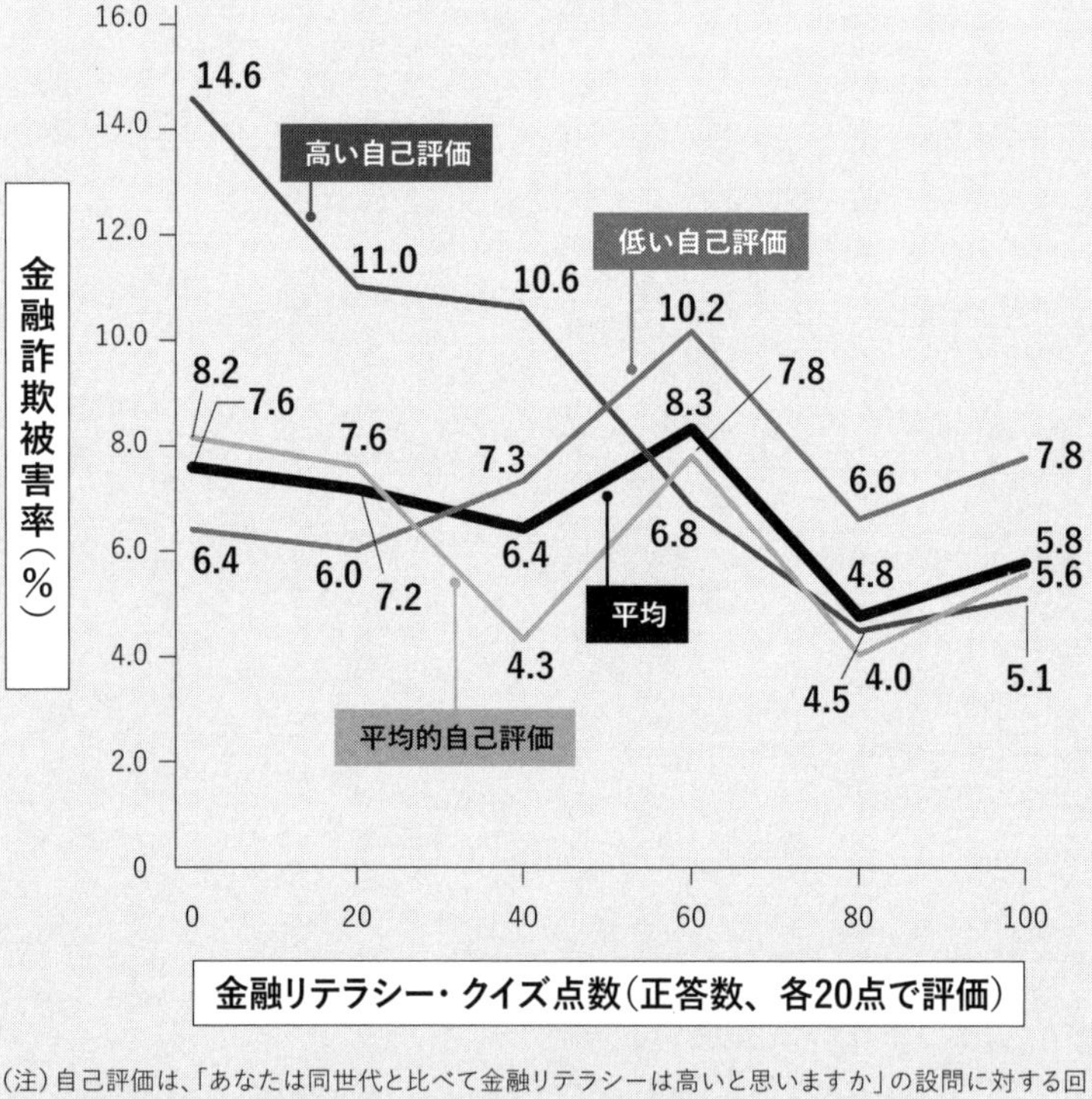

（注）自己評価は、「あなたは同世代と比べて金融リテラシーは高いと思いますか」の設問に対する回答。金融詐欺被害率は金融詐欺被害にあったことがあると回答した人の人数比率。

（出所）「60代6000人の声」アンケート、合同会社フィンウェル研究所、2023年

ります。

しかしここに金融リテラシーの自己評価を加えてみると違った様相が浮かび上がります。自己評価は「あなたは同世代の人に比べて金融リテラシーは高いと思いますか」というものです。ちなみに、「同世代と比べて高いと思う」と回答された方は、１０７５人、16・５％、「同世代と同じくらい」と回答された方が３０７０人、47・２％、「同世代と比べて低いと思う」と回答された方が２３５８人、36・３％でした。

金融リテラシーの自信過剰が危険

注目したのは、金融リテラシー・クイズの得点は平均を下回っているのに、自分では同世代よりも金融リテラシーが高いと考えている３５４人の金融詐欺被害率です。この人たちを金融リテラシーに対する「自信過剰」な人と呼ぶことにしていますが、図表16の金融リテラシー・クイズの点数で０～40点に示した「高い自己評価」のところがそれに該当します。

これを見ると、点数で40点以下、すなわち平均を下回っているのに自己評価が「同世代よりも高い」とした自信過剰な人は、いずれも金融詐欺被害率が10％を超えていました。**金融リテラシーに自信過剰な人ほど金融詐欺被害にあいやすい**という結果が見えています。

そう考えると、金融リテラシーを引き上げることだけでは十分ではないように感じます。もちろん金融リテラシーの高い人は自己評価が高くても低くても、あまり金融詐欺被害率に影響していないことがわかりますので、金融リテラシーを高めることは重要です。しかし、金融リテラシーが高くない人は、その事実を認識することも大切だと思います。

自分は同世代より金融リテラシーが高いと思っている読者の方は、一度、金融リテラシーの客観的な水準をチェックしてほしいと思います。そのために金融リテラシー・クイズの設問を図表16に載せています。

図表16: 金融リテラシー・クイズ

家計の行動に関する次の記述のうち、適切でないものはどれでしょうか。

1 家計簿などで、収支を管理する
2 本当に必要か、収入はあるかなどを考えたうえで、支出をするのかどうかを判断する
3 収入のうち、一定額を天引きにするなどの方法により、貯蓄を行う
4 支払いを遅らせるため、クレジットカードの分割払を多用する
5 わからない

一般に「人生の3大費用」といえば、何を指すのでしょうか。

1 一生涯の生活費、子の教育費、医療費
2 子の教育費、住宅購入費、老後の生活費
3 住宅購入費、医療費、親の介護費
4 わからない

金利が上がっていくときに、資金の運用（預金など）、借入れについて適切な対応はどれでしょうか。

1 運用は固定金利、借入れは固定金利にする
2 運用は固定金利、借入れは変動金利にする
3 運用は変動金利、借入れは固定金利にする
4 運用は変動金利、借入れは変動金利にする
5 わからない

（次ページへつづく）

10万円の借入れがあり、借入金利は複利で年率20%です。
返済をしないと、この金利では、何年で残高は倍になるでしょうか。

1　2年未満
2　2年以上5年未満
3　5年以上10年未満
4　10年以上
5　わからない

金融商品の契約についてトラブルが発生した際に利用する
相談窓口や制度として、適切でないものはどれでしょうか。

1　消費生活センター
2　金融ADR制度
3　格付会社
4　弁護士

（出所）　金融広報中央委員会、金融リテラシー調査より
正解はhttps://www.shiruporuto.jp/public/document/container/literacy_chosa/literacy_quiz/より参照のこと。

第3章

「毎月10万円の引き出し」はなぜキケンなのか

1 人生100年時代、お金の面で考えるべきこと

まずは、具体的に取り崩しの方法に関して、基礎的なところをまとめていくことにしましょう。スタートラインは、保有している資産額と年間に使える資金の関係からです。

65歳で保有資産3000万円をすべて預金にしてあるとして、「公的年金以外に毎月10万円くらい使えるお金があるといいな」と考えたとします。

年間120万円ですから、ちょうど25年分の資産を保有していることになります。65歳から使い始めるとしたら、90歳までは「年金以外に10万円」が確保できることになります。これだとかなり安心感があるように思えますね。

ところが、先ほど紹介したように突然「人生100年時代」なんて言葉が流行して、「おいおい、90歳までの資金では最後の10年が足りなくなる」と気になり始めました。で、「対策は？」となると、年間85・7万円、「月に7万円程度使うのなら何とか100歳まで持つ」ということになります。そうなのです、対策は極めてシンプルで、「できるだけ使わないようにすること」となります。

これは２つの点で、60代にとってはプレッシャーになります。

１つは、できるだけ使わないようにして「それで幸せな生活か」という点です。第１章の冒頭を、60代は生活に満足しているか、という視点でまとめたのも、「できるだけ使わない」という対策が果たしてわれわれが目指しているものなのかと疑問に思うからです。

この満足度の水準は人によって大きく異なりますので一概には言えませんが、アンケート結果の分析からは、収入の多い人ほど、また支出を多くできる人ほど生活全般の満足度は高まる傾向がありましたので、**「使わない」ことで満足度は低下する**とみていいでしょう。

資産が減るほどに「引き出しの怖さ」が増す

もう１つは、年々資産が減っていくことへの恐怖感です。アンケート結果からわかった「資産水準が多いほど満足度が高くなる関係」は逆に考えると、資産が減っていくことで満足度が低下することも示唆しています。しかも一定の金額で引き出していくと、年々その恐怖感が加速するのではないでしょうか。

65歳で３０００万円の預金資産があるとします。その段階で、月額10万円、年間１２０万円の取り崩しは、残高の４％ですから、それほど恐怖感をもたらさないかもしれません。しかし、毎年この金額が引き出されていくと、10年後には１８００万円に残高が減っています。その時に１２０万円は残高の６・７％になります。20年後には資産残高は６００万円になり、年間１２０万円の引き出しは資産額の20％になります。

資産水準の減少とともに引き出しの負担は大きく感じるようになるわけで、これは資産の急激な減少による不安感につながります。

しかも人生の最後半で何か特別な支出を伴うことが起きたらどうしようと思うと、さらに「できるだけ使わないようにしなければ」という強迫観念が強くなる可能性が高まります。

退職後の資産運用を、現役時代と同じに考えてはいけない

さらに厄介なのは、そうした点を金融機関から指摘され、アドバイスと称して「資産運用をしませんか」という誘いに乗ってしまうことです。

特に現役時代に資産運用なんてやったことがない60代が、退職金などのまとまった資金が手元に入ることで、「投資でもやってみるか」「資産運用しないと長生きリスクが心配だ」といって、危険な運用に手を染めることです。最近、問題が指摘されている「仕組み債」といったハイリスク・ハイリターンの金融商品はそうした建付けで高齢者に販売されることが多いと聞きます。

そもそも、「退職してからの資産運用とはどういったものか」という考え方が、社会的に認知されていないように思います。**退職後の資産運用は取り崩すことを前提にした資産運用ですから、現役時代と同じわけがありません。**

長期・分散・積立投資が資産運用の金科玉条のごとくいわれ、それが退職後の資産運用にも適用

されてしまっていることに、違和感を覚えています。

最も典型的なのが、毎月分配型の投資信託に対する認識ではないでしょうか。分配金を出すことはたこが自分の足を食べてしまう「たこ足」だと称して悪者扱いされてきましたが、そもそも取り崩しというものは元本も対象にして引き出していくことです。退職後の資産運用は上手な「たこ足」を行うことといってもいいものです。

投資元本をできるだけ複利で運用することが「取り崩し」を否定することにつながるのであれば、退職後の運用資産は取り崩せなくなってしまいます。

もちろんみんながそう意識しているわけではないでしょうが、結果として「資産運用は現役世代のもの」という理屈になってしまっているように思います。とすると早急に、退職者のための資産運用をわかりやすくして、普及させていく必要があります。**取り崩しを前提とした資産運用**です。

2 定額引き出しに潜む「収益率配列のリスク」

早速、取り崩しを前提にした資産運用のアイデアをまとめていくことにしますが、その前に資産を「引き出す」という行為が持っているリスクと可能性を先にまとめておきたいと思います。

「公的年金以外に毎月10万円を引き出す」といった考え方はわかりやすいものです。これは一般的には**「定額引き出し」**といわれるもので、2つの特徴を持っています。

1つ目は資産を預金においている時代には使いやすいものであること。ただし、これから説明する通り、資産が有価証券にある場合には思わぬリスクが潜んでいることが課題です。

2つ目は長生きリスクを感じると、できるだけ使わないでおこうという思いが強くなります。これは消費を抑制する力となり、これからの日本社会に必要な高齢者のチカラを削いでしまう可能性が高いことです。この点は第8章で改めて紹介します。

「毎年、決まった金額を引き出したい」に潜むリスク

まず1つ目のリスクを説明したいと思います。前提は現役時代から運用を続けていて退職時点で運用資産を保有していることです。その運用資産から「毎月10万円を引き出す」という行動は思わぬリスクを持っています。図表17の定額引き出しの表を見てください。

（単位：万円、%）

期末残高
3,000万円
2,592.00
2,422.56
2,072.30
2,147.53
1,926.16
1,896.47
1,598.82
1,685.85
1,722.44
1,522.32
1,430.36
1,493.81
1,469.98
1,552.48
1,575.73
3,375.73

図表17: 定額引き出しで起きる「資産残高の予想外の棄損リスク」

	Aさんの定額引き出し（前半が高めの収益率）			Bさんの定額引き出し（前半が低めの収益率）	
	収益率	引出額	期末残高	収益率	引出額
		120万円	3,000万円		120万円
1年目	10.00%	120	3,168.00	−10.00%	120
2年目	15.00%	120	3,505.20	−2.00%	120
3年目	7.00%	120	3,622.16	−10.00%	120
4年目	14.00%	120	3,992.47	10.00%	120
5年目	2.00%	120	3,949.92	−5.00%	120
6年目	−5.00%	120	3,638.42	5.00%	120
7年目	10.00%	120	3,870.26	−10.00%	120
8年目	14.00%	120	4,275.30	14.00%	120
9年目	−10.00%	120	3,739.77	10.00%	120
10年目	5.00%	120	3,800.76	−5.00%	120
11年目	−5.00%	120	3,496.72	2.00%	120
12年目	10.00%	120	3,714.39	14.00%	120
13年目	−10.00%	120	3,234.95	7.00%	120
14年目	−2.00%	120	3,052.65	15.00%	120
15年目	−10.00%	120	2,639.39	10.00%	120
算術平均収益率	3.00%			3.00%	
（幾何平均収益率）	2.60%			2.60%	
標準偏差	9.00%			9.00%	
引出総額		1800			1800
残高と引出総額合計			4,439.39		

（注）イメージを持っていただくための計算例
（出所）合同会社フィンウェル研究所

年数は「退職してからの15年間」だとします。65歳で退職すれば80歳までということになります。当初の運用資産額を3000万円で考えます。そこから毎年、年の初めにその年の生活費として120万円を生活費口座に移して、残りを運用し続けることにします。残った資産の運用は収益率と書かれている数字で毎年運用できたとします。

ここでは、あえてAさんとBさんの2つのパターンを想定しています。

15年間の運用収益率は平均で3・0％（幾何平均で2・6％）と全く同じになるようにしてありますが、毎年の並び方は逆になるようにしてありますので、Aさんの1年目とBさんの15年目が一緒になります。ただ、それだけです。

そのため、一般的に考えると、AさんとBさんは同じ運用を行い、15年後の残高は同じになります。資産の引き出しを想定しない、すなわち「資産形成」を考えるときには、15年後の成果は同じになる計算です。

ところが資産の引き出しを想定する「資産活用」では、AさんとBさんの15年後の資産残高は同じにならないのです。Aさんの場合には15年後の資産残高は2639万円で、Bさんの場合には1576万円でした。これは**収益率の平均ではなく、その並び方が影響している**からです。

毎年の収益率を見ていただくと、Bさんの方が15年間の前半の収益率が低いことがわかります。7年目までの収益率を比較するとAさんはマイナスになったのが1回だけ、これに対してBさんは5回あります。

もちろん後半は逆にBさんの方がマイナスの回数が少なくなるわけですが、この前半の低調のなかで、資産の定額引き出しを行うと、思った以上に元本を棄損します。そのため後半にせっかく収益率が高めになっても、前半の元本の棄損が大きいために、十分な回復力が伴わなくなるのです。

思った以上に元本が毀損するリスク

こうした**収益率の並び方が資産残高に影響する**という考え方は、海外ではSequence of returns riskと呼ばれて、よく知られています。日本では、10年以上前にこの言葉を「**収益率配列のリスク**」として、私が紹介していますが、なかなか認知されていません。

これは資産運用そのもののリスクではありませんが、お金と向き合う個人としてはとても放っておけないリスクです。資産運用では、長期投資をすれば収益率が収れんして平均に近づくことが知られていますが、**資産活用ではたとえ収益率が同じでもその並び方によって、そこには別のリスクが潜んでいる**のです。これは資産運用だけを知っていてもわからないリスクだと思います。

しかも「80歳になったときにある程度まとまった資産を残して資産運用からも撤退しようかな」と考えている場合には、これはかなり大きな課題を残すことになります。

引出額を残高に対する定率で考える

そこでAさんであってもBさんであっても、80歳以降の生活のためにしっかりと資産を残す戦略が必要になります。

そのための考え方が**引き出しを「率」で考えるという戦略**です。ここでは「**定率引き出し**」という考え方を紹介します。

毎年の引出額はこれまでのように１２０万円といった定額で決めるのではなく、期末残高に対する一定の比率で引き出すという方法です。図表18では毎年の残高の４％で引き出すというルールで計算しています。この場合、ＡさんでもＢさんでも最終的に残高が同じになっていることがわかります。

もちろん、運用をしていますから残高は変動します。そのため毎年の引出額も変動します。また引き出すことで毎年残高は減っていきますから引出額が減少傾向になることも避けられません。

それでも退職後生活の前半、例えば65歳から80歳までの間であればまだ活動的で、こうした引出額の変動に対しても、生活スタイルを年ごとに合わせていくといった柔軟性は十分にある年代だと思います。それよりも大切なことは、活力が弱まる人生の最後半に計画通りの資産を残すことでは

（単位：万円、%）

期末残高
3,000万円
2,592.00
2,438.55
2,106.91
2,224.90
2,029.11
2,045.34
1,767.17
1,933.99
2,042.30
1,862.58
1,823.83
1,996.00
2,050.30
2,263.53
2,390.28
3,677.34

図表18: 定率引き出しの持つ「資産残高の予想外の棄損リスク」を回避する方

	Aさんの定率引き出し			Bさんの定率引き出し	
	収益率	引出額	期末残高	収益率	引出額
		残高の4%	3,000万円		残高の4%
1年目	10.00%	120.0	3,168.00	−10.00%	120.0
2年目	15.00%	126.7	3,497.47	−2.00%	103.7
3年目	7.00%	139.9	3,592.60	−10.00%	97.5
4年目	14.00%	143.7	3,931.74	10.00%	84.3
5年目	2.00%	157.3	3,849.96	−5.00%	89.0
6年目	−5.00%	154.0	3,511.17	5.00%	81.2
7年目	10.00%	140.4	3,707.79	−10.00%	81.8
8年目	14.00%	148.3	4,057.81	14.00%	70.7
9年目	−10.00%	162.3	3,505.95	10.00%	77.4
10年目	5.00%	140.2	3,533.99	−5.00%	81.7
11年目	−5.00%	141.4	3,223.00	2.00%	74.5
12年目	10.00%	128.9	3,403.49	14.00%	73.0
13年目	−10.00%	136.1	2,940.62	7.00%	79.8
14年目	−2.00%	117.6	2,766.53	15.00%	82.0
15年目	−10.00%	110.7	2,390.28	10.00%	90.5
算術平均収益率	3.00%			3.00%	
(幾何平均収益率)	2.60%			2.60%	
標準偏差	9.00%			9.00%	
引出総額		2,067.61			1,287.06
残高と引出総額合計			4,457.89		

(注)イメージを持っていただくための計算例

(出所)合同会社ノインウェル研究所

ないでしょうか。

そのためにも「率」で考える引き出しは十分に検討すべきことだと思います。

定率引き出しだと引出額が変動する

ところで表の数値をご覧になって、15年後の残高に加えて、気になった点は引出総額の欄ではないでしょうか。

当然、図表17の定額引き出しでは、引出総額は、年間120万円ですから15年間総額でAさんもBさんも同じ1800万円となります。しかし図表18の定率引き出しでは、変動する期末残高に対する率で引出額を決めますから、毎年の引出額も、また15年間の引出総額もかなり違っています。

毎年の収益率のばらつきが、そのまま引出額の変動になるという形です。

それでも、繰り返しになりますが65歳から80歳までの間なら、そうした引出額の変動にも対応ができる時代ではないでしょうか。より具体的な対策として、「率」による引き出しは第4章でまとめます。

3 身近にある「収益率配列のリスク」

収益率配列のリスクという言葉は、米国や英国では退職後の資産の引き出しで非常によく言及される言葉です。

２０１０年代の初めに、前職の仕事でボストンにフィデリティ・インベストメンツ社を訪ねた折、保険の説明用資料にも表を記載して定額引き出しのリスクをしっかりと説明していました。また、Sequence of returns risk を英語でＧｏｏｇｌｅ検索すると3万７０００件ほどヒットします。これを日本語で「収益率配列のリスク」で検索すると７４１件しか見つかりません。それも、そのほとんどが私の記事やコメントでした（いずれも２０２３年5月12日現在）。

ところで「収益率配列のリスク」はちょっと難しそうに聞こえるかもしれませんが、お金との向き合い方のなかでは意外にいろいろなところに潜んでいるものなのです。ここでは身近にある「収益率配列のリスク」のいくつかを紹介します。

毎月分配型投資信託は現役世代には不向き

「毎月分配型投資信託はよくない金融商品だ」と言われているのはご存じの方も多いはずです。ではなぜダメなのでしょう。最も言われるのは「たこ足」だからというものですね。分配金として投資元本まで払い出してしまうことを、「たこが自分の足を食べてしまう」という例えで示して、長期投資で最も重要な複利の効果が減衰してしまうことを指摘しています。その指摘は全くその通りだと思います。

しかし、そもそも資産活用では元本を引き出して生活費に充てるわけですから、「たこ足」を念頭に置いています。その点を否定されると、「資産活用」そのものが否定されかねません。本質的には、毎月分配型投資信託が「たこ足」だからダメだというロジックは、現役世代の資産形成のためには向いていないという意味でしかありません。

実は２０２３年４月に金融庁が発表した「資産運用業高度化プログレスレポート２０２３」でも、分配型投資信託が取り上げられています。しかし、分配型投資信託がすべて悪いという否定ではなく、①分配金として元本の一部が払い戻されることもある、分配金支払いの分だけ基準価額が下がるといった基本的な認知率が３割台と低い、②分配型投資信託の保有者のうち20、30、40代の資産形成層の割合が43・２％と高い、の２点を指摘し、顧客属性に合った商品提供ができていない点が課題だとしています。

資産活用層には向いているが収益率配列のリスクを内包

分配金の意味を理解すれば分配型投資信託は、資産活用層には使いやすい金融商品であるともいえます。何より、自動的に資産の一部を払い出す、しかも残った資産は運用を継続するという「使いながら運用する」仕組みが組み込まれている金融商品だからです。

しかし、ここにも「収益率配列のリスク」が存在しています。分配型投資信託、なかでも毎月分配型投資信託は、その分配金を預金の利息のように勘違いしている投資家が多く、しかも分配金が減るのは運用がうまくいっていないからだと考える投資家が多いのです。

投資信託を運用している会社からすると、例えば運用環境が良くないときには、元本の減少を避けて次の回復局面を待つことが必要なことですから、できるだけ分配金は下げるべきなのです。しかし、それは投資家からは運用が下手だからだと誤解され、銀行や証券会社などの金融機関からは投資家がその投資信託を売ってしまいかねない、と言われればそんな環境でも分配金を下げられなくなります。もちろん相場環境が良くて運用成績が良くなれば、分配金を引き上げてほしいとの要望が高まります。

こうしたことを繰り返していると、結局、分配金の水準は一定額以上に固定されてしまいます。下方硬直的とでもいった方がいいでしょうか。それは、定額引き出しと同じ結果をもたらします。

毎月分配型投資信託の本当の問題は、「たこ足」だからではなく、「収益率配列のリスクを内包させるような分配金の下方硬直性」なのです。

FIREにも収益率配列のリスク

FIRE（Financial Independence, Retire Early）という言葉が一時はやっていました。最近はあまり聞かなくなりましたが、それでも現役層で資産運用をしている人のあこがれのパターンではないでしょうか。

しかし私としては、正直これをあまりお勧めできません。Financial Independenceとは、経済的自立、金銭的自立という意味で、例えば「お金のために無理に働くことをしないで済む状況」ということですから、ぜひとも追求すべき姿勢だと思いますが、それができた段階でRetire Early、早めに引退することはお勧めできないからです。

ここにも「収益率配列のリスク」が潜んでいます。

「1億円で年利3％運用なら年収300万円の生活ができる」の罠

FIREで当初よく言われたのが、「1億円の資産を作って40代半ばで退職する。年率3％の収益が稼げれば年間300万円での生活が可能になる」というものでした。

確かに1億円を3％で運用できれば年間300万円の収益を受け取れますから、それを生活費に充てれば運用元本は減らないでずっと生活を続けていける計算になります。しかし毎年、300万

図表19：運用資産1億円で毎年300万円を引き出しながら生活した場合の残高の変化

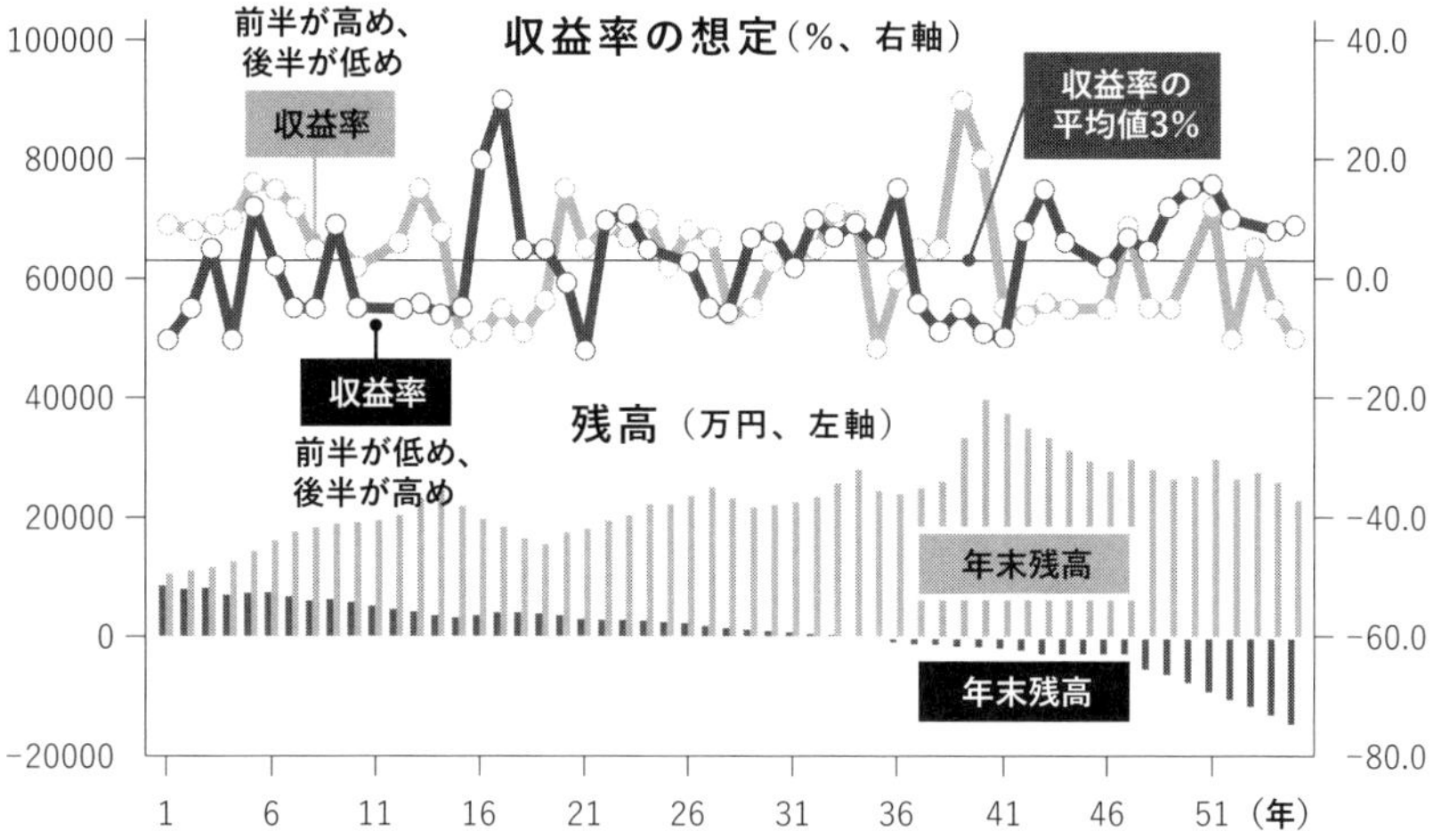

（注）残高の推移は毎年300万円の定額で引き出し、残りの資産を上の収益率で運用したと仮定。収益率の平均は3%で55年間の幾何平均。あくまでもサンプルとして算出したもので、予測を保証するものではありません。
（出所）合同会社フィンウェル研究所

円の生活費は定額です。これを運用資産から引き出すということは定額引き出しです。

例えば45歳で退職して、１００歳までの55年間という長い運用計画を想定します。ポートフォリオの構成比をうまく調整すれば、平均３％の運用なら十分に可能だと考えていますが、年ごとの収益率は絶対といっていいほど予測不可能です。

運用収益率が３％を下回るときもあれば、マイナスになるときもあるということは、前半に想定の３％を下回る水準の運用となった場合には、年間３００万円を引き出すと、想像以上に元本が棄損する「収益率配列のリスク」が顕在化します。

サンプルを作ってみました。図表19です。45歳から100歳までの55年間を想定しています。55年間の平均パフォーマンスはともに3％ですが、「前半に低いパフォーマンスのパターン」（グラフでは濃いグレーのパターン）と「後半に低いパフォーマンスのパターン」（グラフでは薄いグレーのパターン）の2つです。単純に前者の並び方を逆にしたのが後者というだけですから、図表17と同じ趣旨です。その結果を見ると、濃いグレーの折れ線グラフのパターンは34年目から赤字になります。

すなわち78歳になる前に資産が枯渇したわけです。これに対して薄いグレーのパターンは同じ引き出しを続けながらも、資産が2倍以上に大きくなっています。まあ、資産を2倍にする必要はありませんが、1億円の資産を持っていても途中で資産が0円になってしまうことの方が気になります。

もちろん、そもそも45歳から100歳まで年間300万円の生活費で大丈夫かという問題もありますが、ともかくFIREの議論のなかででも「収益率配列のリスク」が潜んでいることを忘れてはいけないと思います。

住宅ローンと資産運用の両建てに見る「収益率配列のリスク」

「FIREを志向するほど自分はもう若くはない」という人でも、意外に身近で、しかも知らないうちに「収益率配列のリスク」を抱えている人もいます。

最近は退職してもまだ住宅ローンを抱えている60代は多いと聞きます。三井住友トラスト・資産のミライ研究所が行っている「住まいと資産形成に関する意識と実態調査」の２０２３年版によると、１万１１１４人の回答者のうち自身で住宅を購入した60代は１２２６人、そのうち住宅ローンを抱えている人は12・７％に上っているとのことです。もともと住宅ローンを組んでいない人（25・０％）もいますので、それを加味すると、**住宅ローンを組んだ人の５・９人に１人は60代になっても住宅ローンが残っている**というわけです。

退職金で返済しきれなかったという人もいるでしょうが、これだけ金利が低いので無理に返済しないでその分、手元資金を厚くしておく方がいいと考える人もいるのではないでしょうか。「住まいと資産形成に関する意識と実態調査」よると、住宅ローンの返済額は年収の２割強ということですから、現在のように金利負担が低い場合には一括で返済しないというのも選択肢だと思います。私も住宅ローンを無理に一括で返済しようとせず、当初の計画通り、今でも毎月返済し続けています。まだあと数年残っているところです。

無理して返済しないで手元資金を厚くするという場合には、その資金を運用するといったことも考える人もいるでしょう。

私も、退職時点で住宅ローンを完済すべきかどうか考えていたときに「運用で得た収益で住宅ローンの返済をするというのが効果的だ」とアドバイスされたこともありました。例えば、退職金のうち、返済に充てなかった1000万円を運用すると想定し、10年間の運用収益率の平均を年率3％と考えます。初年度なら30万円程度の運用収益が期待できます。それを毎月の返済の一部に充当するという考え方です。

しかしここでもよく考えてみてほしいと思います。住宅ローンを完済しないでその資金を運用に回し、収益でローンの返済を続けるというのは、返済額は定額で、これを毎年変動する運用収益と元本1000万円の一部取り崩しで充当することになります。

これは運用しながら定額引き出しを行うことと同じことになりますから、「収益率配列のリスク」が内包されています。**住宅ローンと資産運用の両建ては、「返済が定額で運用は変動する」ことになり、期間中の前半に運用収益の厳しい環境が訪れたとき、想定以上に元本の毀損が進み、その結果、思ったほど両建てのメリットがなかったということにもなりかねません。**

もちろん住宅ローンには住宅ローン控除といった税制上の優遇もあります。私もそのメリットは十分に評価しているので住宅ローンを完済していませんが、住宅ローンと資産運用の両建てには、「収益率配列のリスク」があることも忘れてはいません。

4 持続可能な引出率の幻想

ところで本章第2節に収益率配列のリスクを回避する方法として「定率引き出し」を紹介しました。この引出率という考え方に少し詳しい人は、米国で言われた「Bengen の４％」ルールというのがあることをご存じではないでしょうか。

これは、資産を運用しながら、どれくらいの資産であれば引き出しても資産が枯渇しないで済むのかを実証的に分析した考え方です。この議論が初めて登場したのが、１９９４年10月の Journal of Financial Planning に収載された William P. Bengen のレポートでした。この論文では、米国の過去のデータを使って、「株式50％、中期債50％のポートフォリオの場合、インフレ調整後の引出率４％であれば、１９２６年以降のどの35年間を取っても資産は持続した」と分析し、「今後35年間でも50－70％の株式比率であれば、インフレ調整後の引出率４％でも資産が枯渇しないだろう」と論じました。

４％という「持続可能な引出率」

この引出率４％は、ＳＷＲ（Sustainable Withdrawal Rate＝持続可能な引出率、またはSafe

Withdrawal Rate＝安全引出率）と呼ばれていて、この考え方が**「Bengen の4％ルール」**とか、**「持続可能な引出率」**といわれています。

この４％を使って、米国ではＦＩＲＥの考え方としていわれているのが、**「生活費の25倍の資産を稼いで、その資産の４％に相当する金額を退職後の生活費として引き出す」というルール**です。「退職直前の必要資産額」÷「生活費」が25倍であれば、その逆数である「生活費」÷「退職直前の必要資産額」が４％となることはわかりやすいものです。言い方を変えれば、退職後の生活費を資産のなかから４％で引き出して生活するためには、資産残高は生活費の25倍必要だということの説明といってもいいでしょう。

これを、先ほどの「1億円を運用して３００万円の生活費」というのに当てはめると、「保有資産1億円」÷「生活費３００万円」で計算すると、生活費の33倍の資産が必要で、引出率は３％に相当するとなるわけです。ちなみに、引出率は米国が４％で、日本が３％となっているのは、運用の期待収益率が日本の方が低いからでしょうか。それとも日本の方が長寿で引き出し期間が長いからでしょうか。

「持続可能な引出率」にも収益率配列のリスク

さてちょっと時間がかかりましたが、やっと「持続可能な引出率」に潜む「収益率配列のリスク」を考えることにします。

「持続可能な引出率」というように、「率」で呼んでいますが、実際にはその「率」は退職時点の資産額に対して適用し、そこで計算した金額がその後ずっと一定の引出額として採用されるものなのです。

当初こそ４％で計算して金額が決まりますが、その後はインフレ調整しながらも、ずっと同じ金額で引き出す、実際は「定額」引き出しなのです。ということで、ここにも「収益率配列のリスク」が内包されていることがわかります。

そのほかにも、いくつかの課題が残されています。例えば、日本では米国に比べて利回りが低い債券を保有する意味があるのか、そもそも日本では１００歳まで自分で運用が可能なのか、持続可能な引出率といっても確率の問題なので途中で資産が枯渇するリスクをどう評価すればいいのか、加齢に伴う認知・判断能力の低下が懸念されるなかでこうした複雑な取り崩しを自分だけでやり続けられるのか、といったことが挙げられます。

この本で、それらすべてを網羅することはできませんが、一部分は第4章、第5章、第6章で触れることにします。

「引き出しても大丈夫な金額を知りたい」という思い

資産活用の本来の目的は、「保有資産を有効に使いながら、その寿命を延命させる」ことだと思っています。

資産残高のことだけを考えて、心配して、苦しみながら退職後の人生を過ごすのはあまりに勿体ないことです。退職後の生活を豊かにするために資産を有効に、かつ上手に使いながらも、資産寿命を長くするという視点を忘れないようにしたいものです。

そう考えると、前にちょっとだけ紹介した、「定率引き出しは引出額が変動するのが課題だ」という批判は重要なポイントを教えてくれます。使っていい資産額の見える化は、資産を有効に使うことに必要な要素になるため、「持続可能な引出率」というコンセプトは、やはり魅力的に映ります。「率」と表現され、資産形成で作り上げてきた退職直前の資産額に対する一定の比率で引出額を算出するものの、それがその後は定額ですから、安心感があります。

さらに科学的な分析の結果、その金額で使っていっても資産が「持続可能」だと判断されている、というわけですから、これに頼りたくなるのも理解できます。それどころか、こうした方法を使うのも資産活用においては一つの選択肢だと思っています。

この点は、第7章の生活スタイルと資産活用のところで考えてみたいと思います。

第4章

引き出しは「率」で考える

1 今さら聞けない投資の極意

「資産活用」の取り崩しという部分を、「資産運用をどうやって止めるべきか」という視点から考えてみたいと思います。

私は投資というのは極めて簡単なロジックでできていると考えています。単純に**「安く買って、高く売れば儲かる」**という意味です。

しかし、その安いという時がいつなのか、その時に買うという行動をとれるのか、高い時とはいつなのか、その時に売るという行動をとれるのか、というのが難しいわけです。理屈は簡単なのですが、実行するとなると難しいというわけです。

「安く買って高く売る」をどうすれば実現できるか

そこで、このシンプルな原則をどうやって行動に移せるかを考えてみます。この理屈に時間と数量の概念を加えてみます。

「安く買って」「高く売る」

をまず、2つに分解します。まずは「安く買って」を考えてみます。この「安く買って」に時間

の概念を加えると、

「安く（なったら）買って、高く（なったら）買わない」

となります。すなわちタイミングを見計らう行動に変わります。

さらにここに数量の概念を入れてみます。

「安くなったら（たくさん）買って、高くなったら（少ししか）買わない」

と変わります。こうなると先ほどのタイミングをみる動きがなくなります。

その代わり、買わないという行動が「少し買う」という行動に変わります。ずっと買い続けるという行動に変化しますが、その際のポイントは数量を変化させるということになります。

これってどこかで聞いたことはありませんか。

そうです、積立投資のことです。投資額を一定にして、投資タイミングも毎月の決まった日に自動的に購入するように設定すれば、価格が変動して高くなったときには少なくしか買わず、安くなったら多く買うことが自動的にできます。これが投資の極意の上巻となります。等式にすると**投資額＝価格×数量**となります。

次は、投資の極意の下巻、「高く売る」ことです。こちらも同様に時間と数量の概念を入れていくことにします。まず時間の概念です。「高く売る」は、時間を加味すると、

「高く（なったら）売って、安く（なったら）売らない」

図表20: 投資の極意

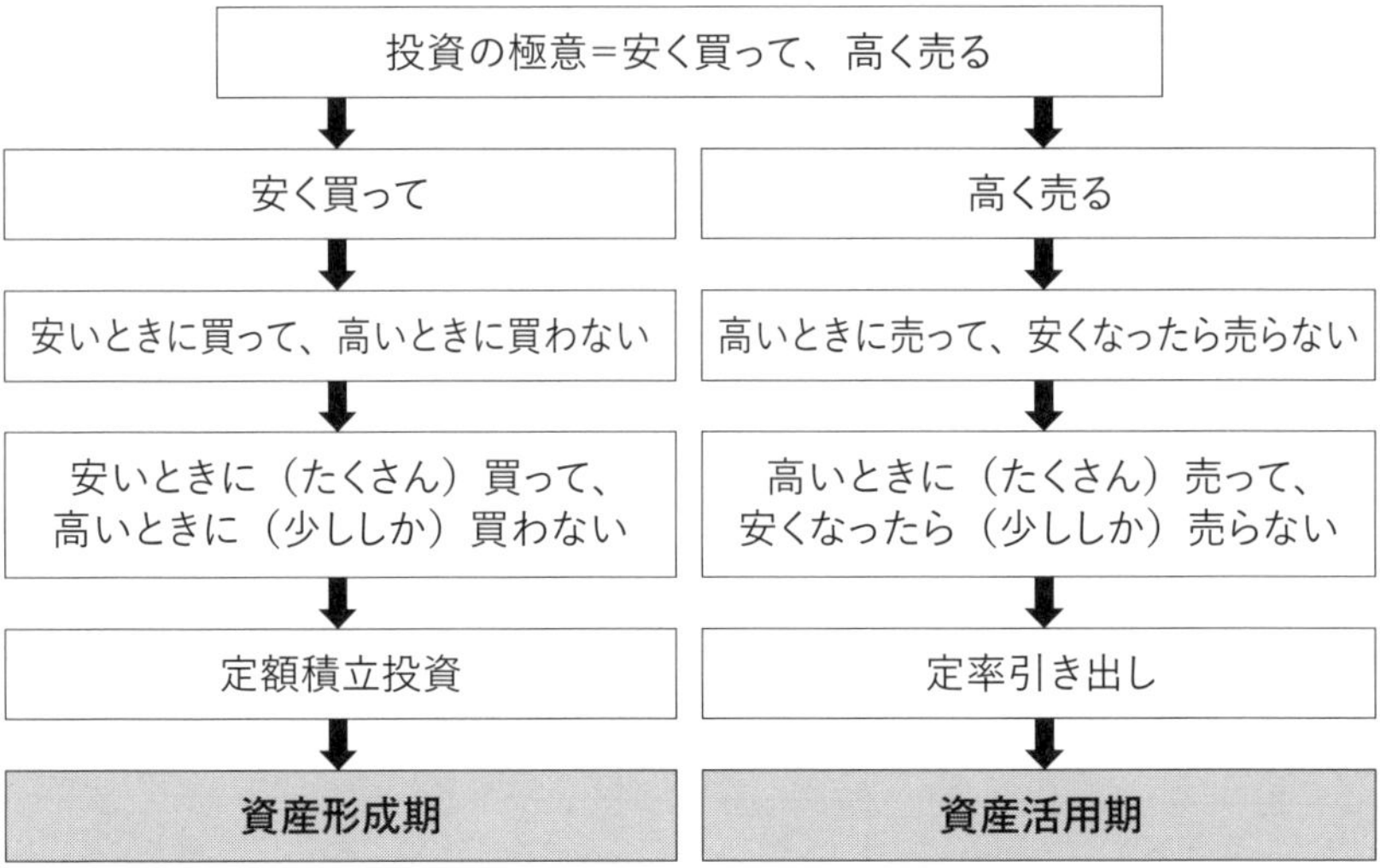

投資の極意＝安く買って、高く売る
安く買って
高く売る
安いときに買って、高いときに買わない
高いときに売って、安くなったら売らない
安いときに（たくさん）買って、
高いときに（少ししか）買わない
高いときに（たくさん）売って、
安くなったら（少ししか）売らない
定額積立投資
定率引き出し
資産形成期
資産活用期

（出所）合同会社フィンウェル研究所

となりますから、こちらもタイミングを見計らう行動に変わります。しかしそこに数量の考え方を入れると、「高くなったら（たくさん）売って、安くなったら（少ししか）売らない」となるので、この段階でタイミングをみて売るという行動が消えます。

そしてここでも売るという行動をずっと続けることが前提になっていることに気づかれると思います。行動としては変化させないけれど、その金額を変えることで「高く売る」という下巻の極意を実現しようとするということです。

定率引き出しは投資の出口戦略

取り崩しの金額を価格変動に合わせ

て変えるというのはどうすればいいのでしょうか。「価格が上昇したときにたくさん売って、下落したときに少なくしか売らない」とすれば、**売る金額を価格に連動させればいい**ことがわかります。そして価格の変動で動くものといえば、資産水準です。価格が上昇すると、保有する資産総額は増えます。

この時に売却する金額を残高の一定率に決めておけば、資産残高の増加に連動して売却金額が多くなります。逆の場合には売却額が少なくなります。等式は売却額＝資産残高×引出率。

上巻の極意が「定額による積立投資」だとすれば、下巻の極意は「定率引き出し」といえます。2つを合わせて、「投資の極意」が完成します。

売ったり、買ったりする行動がタイミングに左右されることがないだけに、余分な問題が発生しないのも効率がいい点だと思います。

また、「買うとき」は現役時代の資産形成期で、「売るとき」は退職後の資産活用期と大きく括るとともに長い時間をかけて「買う」だけ「売る」だけを続けるわけですからこの点でもわかりやすいと思います。

Column 4

長期投資・分散投資 ——卵を3つの籠に盛っただけではダメ！

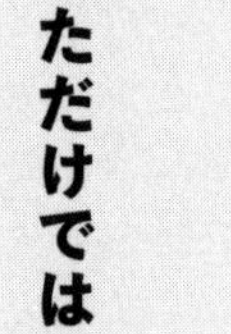

投資では「長期」「分散」「積立」が大切だといわれていますが、これは資産形成期での話です。資産活用期では「積立」の代わりに「率を考慮した引き出し」になります。しかし、「長期投資」と「分散投資」は依然として非常に重要です。

ここでは私の失敗談とともに長期投資と分散投資の考え方を整理します。

長期積立投資で大失敗

私は１９８２年に当時の大手証券会社の一つに入社し、その後の16年間で家庭を持ち、海外赴任も経験し、そして会社の倒産を迎えました。激動の20代、30代でしたが、この間に資産形成で大切な点を一つ学んでいます。その16年間、唯一の資産形成手段として持株会に入っていました。自社株式を毎月の給料から天引きで購入するわけです。

しかし、16年後に倒産しましたから、その株券は〝紙切れ〟になりました。16

年間という「長期投資」を行っていましたし、給料からの天引きで「積立投資」でもあったのですが、結果は最悪の事態となりました。投資先が良くなかったということですが、そこに欠けていたのは「分散投資」の考え方です。持株会は自社株への投資を通じた資産形成の手段ですが、これだけに頼ったことが大きなリスクだったのです。長期投資だけではダメで、その資産を分散させておくことも必要だと学びました。非常に高い授業料を支払って。

「分散投資」の意味は「安心できる投資先」を見つけることだと思っています。私の例はかなり特殊なものですが、一般論として考えると、複数の投資先に資産を分散すれば、全体でより安心できる投資となります。そのため、資産全部を自社株で運用するのではなく、ほかの口座、例えば確定拠出年金（ＤＣ）や少額投資非課税制度（ＮＩＳＡ）なども合わせて使って、複数の企業の株式に投資する、日本企業全体を対象にした指数を投資先にする、さらに世界市場を対象にした指数に投資するといった形で、その対象を広げることが大切になります。

卵を３つの籠に入れれば大丈夫か

では「分散投資」をすれば大丈夫でしょうか。

もう1つ紹介します。私はその後も外資系の証券会社、資産運用会社へと転職し、2019年に定年を迎え、今度は自分の会社「合同会社フィンウェル研究所」を設立しました。その間、ずっと金融業界に身を置きながら、自身も資産形成を続ける一人のビジネスパーソンとして、震え上がるような金融市場のショックをたくさん経験してきました。ブラックマンデーとか、バブル経済崩壊やITバブル崩壊とか、リーマン・ショックとか、どれもその最中にいるときは大変な金融市場の混乱だったことを思い出します。

そうした折に常に指摘されるのが、「分散投資」の重要性です。そして「分散投資」の重要性を説明する際に使われるのが、**「卵は1つの籠に盛るな」**という格言です。図表21のように、9つの卵を1つの籠に入れると（1つの資産にまとめると）、落としたときには（相場の下落が起きたときには）すべての卵が割れてしまいます（大きな損失につながる）。

そこで3つの籠に分けて（3つの資産に分散して）おけば、1つを落としても ほかの2つの籠の卵は救われます、と説明します。もちろん大きなショックの折には、3つの籠のうちの2つの籠を落とすこともあるでしょうが、十分分散をしておけば、助かる卵は多くあります。

図表21：分散投資は長期投資とひとつになって意味がある

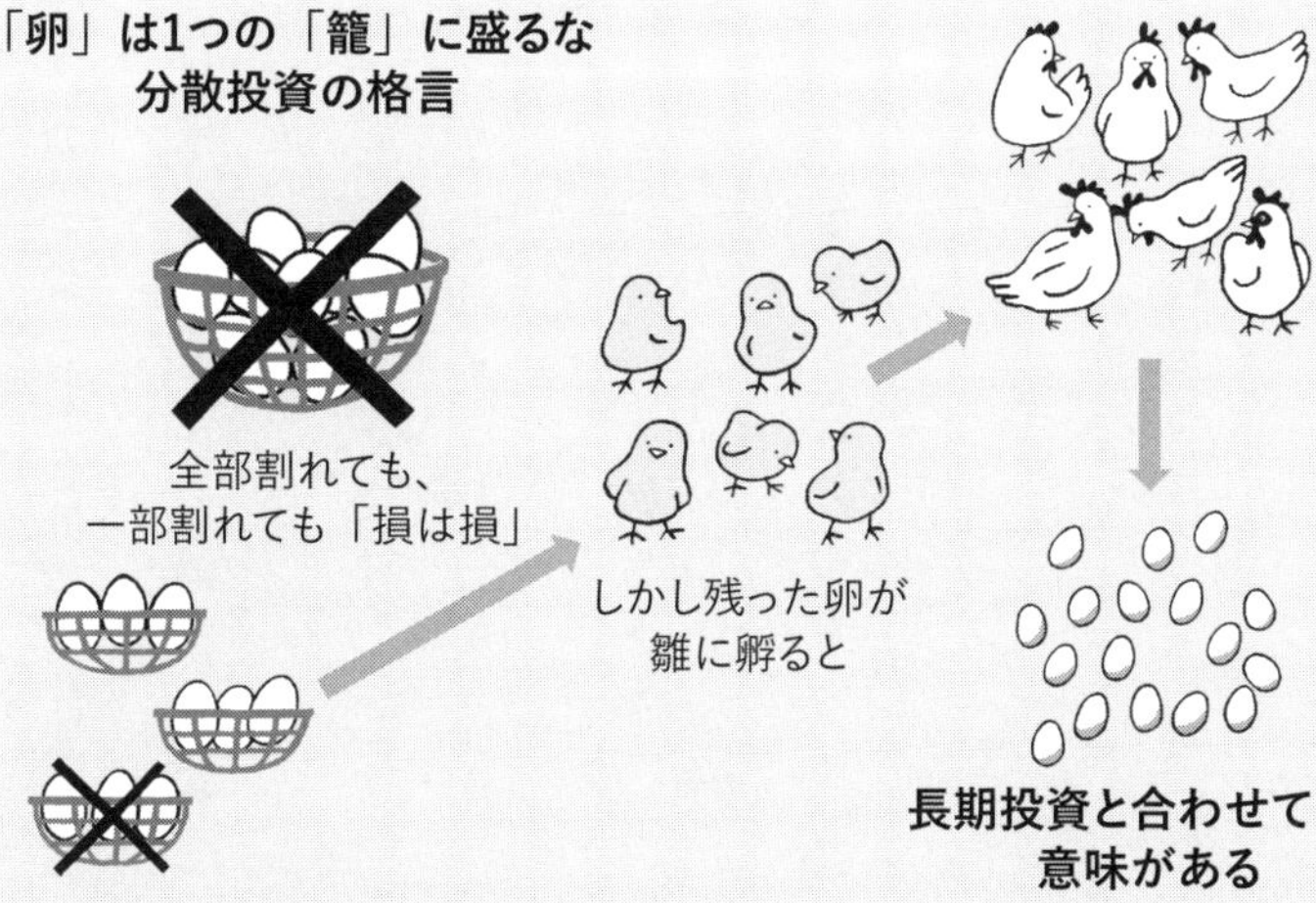
「卵」は1つの「籠」に盛るな
分散投資の格言
全部割れても、
一部割れても「損は損」
しかし残った卵が
雛に孵ると
長期投資と合わせてこそ
意味がある

（出所）合同会社フィンウェル研究所

しかしここで少し考えてみてください。

卵が9個すべて割れても、3個割れても、6個割れても、損は損です。リーマン・ショックの時には、「資産を分散しても全部が下落したので意味がなかった」というご批判もありました。にもかかわらず、なぜこれがリスクの軽減に役に立つといわれるのでしょうか。

分散投資と長期投資を合わせることが重要

この格言には、その後のことも考えに入れてみると、違った状況が見えてきます。例えば9個の卵のうち、3個割れて6個残ったとします。時間が経てば、その6個の卵は雛に孵って親鳥になり、やがて卵を産みます。そうなると卵は一気に増えることになります。ここには資産運用における大切な要素、「長期投資」という要素が入っています。

すなわち「分散投資」の格言は、実は「長期投資」を前提にしたものだということもわかります。そしてもう一つ、この卵は冷蔵庫に入れていては雛が孵りませんから、卵というものは雛に孵るもの（収益性を持っているもの）であるということも、大切なポイントであることがわかります。

2つのエピソードをご紹介しましたが、「長期投資」「分散投資」という資産運用における大切なリスク軽減のアイデアは、資産形成期でも資産活用期でも一つひとつのチカラを合わせることでもっと大きな力になることがわかります。

2 使いながら運用する時代を考える

第3章では、定額引き出しの持っているあまり知られていないリスク「収益率配列のリスク」を紹介し、その対策として「定率引き出し」といったアイデアに触れました。

アンチ・テーゼとしての「定率引き出し」

私はもう10年以上前から「定率引き出し」の有効性を伝えてきました。２００８年に上梓した『退職金は何もしないと消えていく』（講談社＋α新書）で、初めて「収益率配列のリスク」を紹介し、その解決策としての「定率引き出し」に言及しています。また10年の弊著『老後難民』（講談社＋α新書）のなかで「3％運用、４％引き出し」といった見出しもつけて紹介し、その後のほとんどの書籍で「定率引き出し」に言及し、さらに18年の『定年後のお金』では1章分をその説明に使っていたほどです。

それでも「定率引き出し」は、なかなか浸透しませんでした。やっと最近になってその存在を知ったという方がいたり、「定率引き出しは残高が減っていくと引出額も減っていくので良い方法ではない」といったご批判もいただくようになってきました。この考え方が少しは広がってきたのかと、うれしい気持ちもあります。

「定率引き出し」は、現在も主流の考え方である「定額引き出し」へのアンチ・テーゼとして提案したもので、決してこれが最良の方法だというつもりはありません。この第4章では、「率」で考える引き出しの議論をもう少し深めていきたいと思います。

運用と引き出しのバランスを考える

私は**資産の取り崩しで重要な点は、運用と引き出しのバランスをとること**だと思っています。具体的にバランスをとるという意味を天秤ばかりをイメージして考えてみます。

一般に資産運用の収益は年率3%といった形で「率」で表示することがほとんどです。これに対して引き出しはいくら必要かというのが月10万円といったように「額」で考えることが多いものです。

とすると、その「使いながら運用する」場合には、運用と引き出しの単位が違うことで比較ができず、資産が増えているのか、減っているのか、どれくらい増えているのか、どのくらい減っているのかがわかりません。

それを知るためには、運用した結果と引き出した結果を同じ単位で示せばいいわけです。例えば「額」で揃えてみます。1000万円の資産で3%の運用と年間50万円の引き出しであれば、運用収益は30万円で、引き出しが50万円なので資産は持ち出しになることがわかります。

図表22: 運用と引き出しのバランスをとる

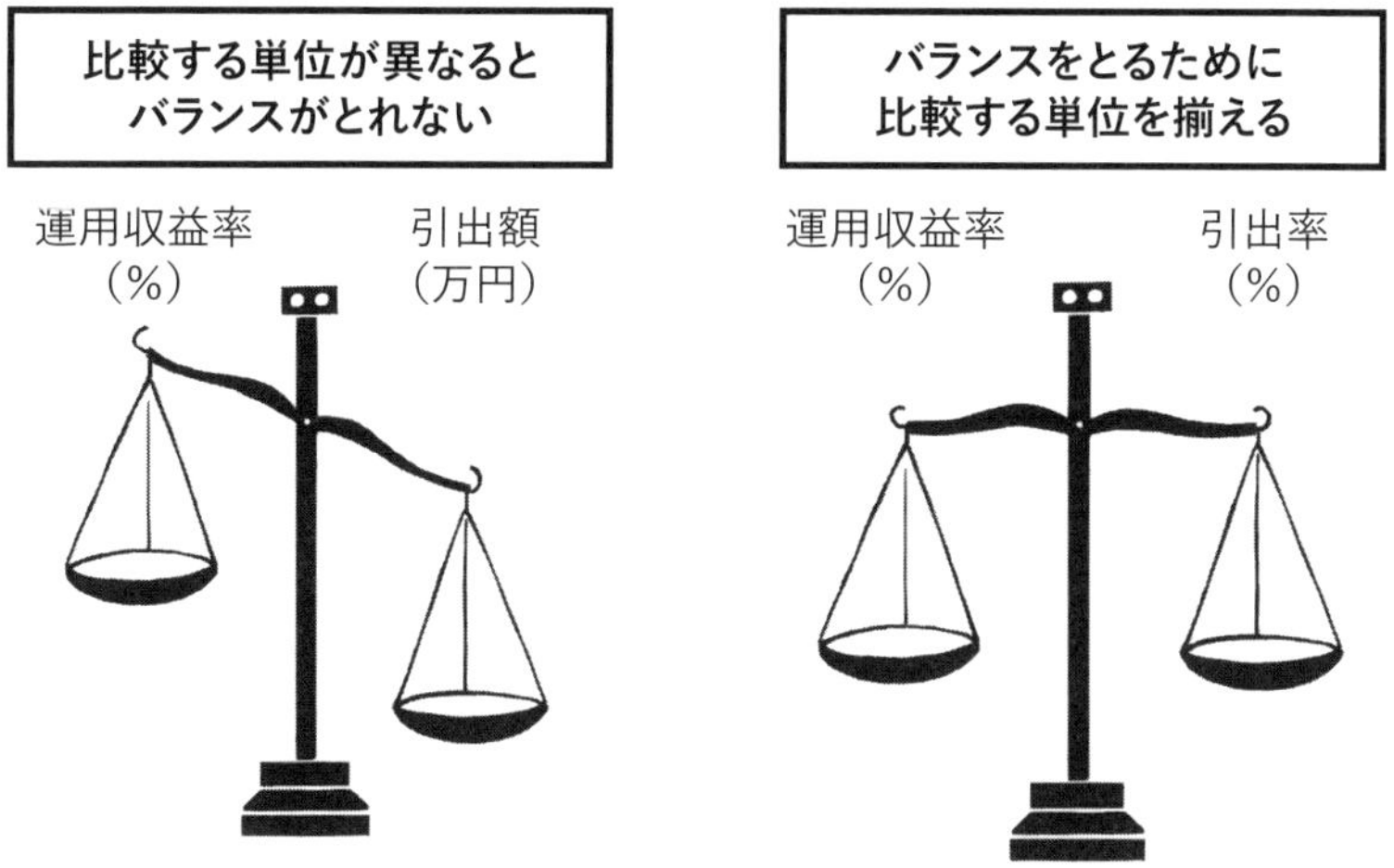

（出所）合同会社フィンウェル研究所

しかし、これが5年後の場合にどうなるのかは、毎年の資産額を計算して、3%を掛けて計算することになるので簡単には算出できません。

「資産活用収益率」という考え方

これを引き出しも「率」で考えるようにすると、3%で運用して、残高の4%を引き出すとすれば、この「使いながら運用する」時代は、大まかに言って毎年1%ずつ資産が減っていくことがわかります（厳密には、年初に引き出すのか、毎月引き出すのか、年末に引き出すのかといった引き出すタイミングで若干計算が異なってきます）。

運用収益率と引き出しのバランスを取るということは、どちらも「率」でその

水準を測ることになりますが、その差はそのまま資産の増減率とみることができます。すなわち、

収益率－引出率＝資産の増減率＝「資産活用収益率」

という等式が成り立ちます。この2つの比率の差を「資産活用収益率」として考えるとわかりやすいと思います。

できれば資産は減らしたくないと思えば、4％で運用して、4％で引き出すと資産は減らない計算になります。ただ、運用収益率を引き上げる分、金融商品のリスクは高まりますから、達成の可能性が低下します。逆に引出率を3％に引き下げて3％運用でも資産は減らないパターンになりますが、この場合には3％の引き出しで生活が成り立つかという問題が立ちふさがります。これが運用と引き出しのバランスをとるという意味で、そのバランスは重要な人生設計のカギでもあります。

退職後の前半は「使いながら運用する時代」

第2章第1節図表7の山登りのグラフをもう一度見てください。この図では、山を下るフェーズでは直線コースを描いていますが、人生100年時代といわれるなかでは、この下り坂がより緩やかで、より遠くまで下っていけるようにすることが必要になります。

その時に、ここまでに紹介したなかから2つのことが重要になってきます。

１つ目は多くの退職世代が有価証券投資を行っているという事実です。序章に紹介した通り、現在の60代はその約４割が資産運用をしています。これは有価証券を保有しながら退職を迎えており、その資産から生活に充当させる「資産収入」を取り出そうとすれば、「使いながら運用する」という姿勢が求められることになります。

しかし、寿命が尽きるまで運用を続けるということがなかなか難しい日本では、どこかの段階で運用からも完全撤退して、預金から定額で取り崩していく「使うだけの時代」を迎えざるを得ません。これが２つ目の点です。

この２つのステージを盛り込んだ登山の図が、次ページの図表23です。

この図では、退職を65歳として、そこから取り崩しのフェーズ、すなわち資産活用のフェーズに入ります。前半は資産運用を継続しながら取り崩しを行うステージで、これが「使いながら運用する時代」となります。ここでは15年間を想定して80歳までと考えています。

もちろん人によって、75歳までを想定する人もいるでしょうし、85歳まで大丈夫だと考える人もいるでしょう。ただ、計画を立てるときにはできるだけ保守的な方が安心できますので、ここでは80歳としておきたいと思います。

「使うだけの時代」に向けて計画通りに資産を残す

このステージでは先ほどの通り、引き出しを「率」で考えるようにします。このステージの最も

図表23：退職後を2つのステージに分けて考える「資産活用」のアプローチ

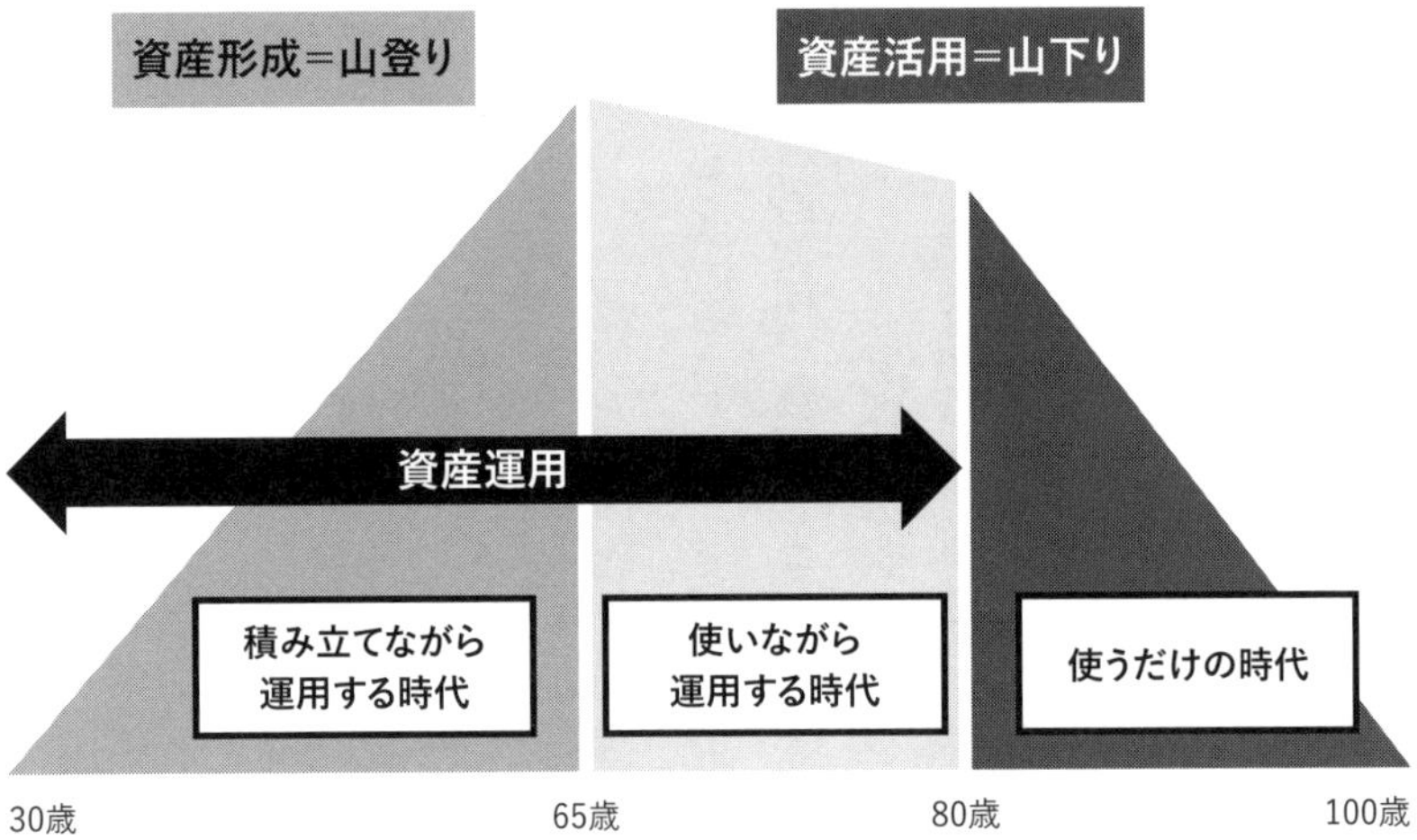

（出所）合同会社フィンウェル研究所

重要な視点は「使うだけの時代」に向けて、想定通りの資産を残す運用と取り崩しを行うことです。そのためには運用資産の収益率と生活のための引き出しのバランスをとることが重要となります。

その後100歳までの20年間は資産運用からも撤退した「使うだけの時代」です。ここでは、団塊世代と同じように定額で資産を取り崩すステージとなります。80歳で残った資産を、20分の1ずつ毎年使っていくといった考え方がわかりやすいと思います。

もちろん100歳まで生きるかどうかわかりませんが、予定よりも早く人生の終焉を迎えるのであれば、その段階で相続の資産だと考えるくらいの余裕があった方がいいと思います。

ところで、お気づきになったかもしれませんが、「取り崩し」と「引き出し」という2つのよく似た言葉を使い分けています。一応、考え方は「引き出し」は実際に口座から引き出すこと、またはその金額を引出額として使い、取り崩しは資産が減ることを指すようにしています。そのため、運用しながら引き出すと運用がうまくいっているときは取崩額が引出額より少なくて済むわけです。「取崩額＝引出額－運用による増額」の関係です。

3 定率引き出しから「予定率引き出し」へ

使いながら運用する時代に４％の引き出しをするというアイデアは、３％の運用収益率と合わせて「**3％運用、４％引き出し**」として長く使ってきました。２０１０年の弊著『老後難民』で紹介していますので、既に10年以上、お話ししてきたことになります。

定率引き出しに対する2つの指摘

このアイデアに対してよく指摘されるのが２つの課題でした。

1つは「4%で引き出していくと、残高が減っていくことから引出額がどんどん小さくなる」ので実務的ではないというもの。もう1つは、「残高が変動するため4%を引き出す計算が面倒だ」という点です。

まずは後者の指摘に対して対策を考えてみます。引出額の計算では、より実践的に**「年に1回、残高の4%を資産運用口座から生活費口座に移して、それを12か月で割って使っていく」**といった簡便な方法が使いやすいと思っています。

例えば、誕生日とか年末とか、毎年同じ日を決めて、その時の運用資産残高を確認します。それを基に、あらかじめ決めてある引出率で引出額を計算して、その金額を引き出して生活費口座に移します。後はその金額を12か月で割って、毎月の生活費とするか、2か月分を年金の給付のない月に充当するといった方法をとることができます。

ただ、問題は高齢になって、認知・判断能力が低下した際に、その簡便な方法でさえ難しくなる可能性がある点です。

その際にアドバイザーを活用する、成年後見人を選定する、多少不便でもそうした事態に財産を管理してくれる信託商品を検討するといった、別の視点での対策が必要になると思います。

引出率を徐々に引き上げる「予定率引き出し」

前者に関しては、ここまで読んでいただいた読者にはおわかりいただけると思いますが、日本では「年金以外に毎月10万円引き出す」といった「定額引き出し」が主流だったため、それ以外の引出方法に関する議論がほとんどありませんでした。

そのため、そのアンチ・テーゼとして定率引き出しを提唱してきましたが、これが最良の方法というわけではありません。この章ではより実践的な**「予定率引き出し」**といったアイデアも提供したいと思います。

「4％で引き出していくとどんどん引出額は小さくなる」という懸念に対する対策としては、引出率を徐々に引き上げていく方法が考えられます。

例えば、65歳の時には3％の引出率で、徐々に引き上げていき70歳の時には4％、80歳の時には5％といった具合です。そうすることで残高が減少していくなかでも引出額が小さくなりにくくなります。

もちろんその**引出率は恣意的に変更されるものではなく、事前に決めておく**ことが必要になりますので、私はこれを「予定率引き出し」と呼んでいます。

年齢が高くなるにつれて引出率を引き上げるというアイデアは、米国の確定拠出年金の引出ルールに組み込まれています。

米国ではＲＭＤ（Required Minimum Distribution、最低引出制度）というものがあります。ＩＲＡ（Individual Retirement Account、個人退職口座）や４０１(k)といった所得税非課税の

口座で作り上げてきた資産は、退職後の生活のためにそれを引き出して使うことが前提となります。引き出せばその資金は所得税を払う対象となりますから、このRMDは所得税非課税で作った資産を引き出させて所得税を支払わせる仕組みといってもいいでしょう。稼いだ所得に対して税金を支払うのが国民の義務ですから、それが現役時代なのか、退職してからかは問わないということでもあります。

具体的には、72歳に達すると非課税口座にある資産は、毎年、内国歳入庁（IRS）が定めた比率で計算した金額を引き出さなければなりません。引き出せば所得税が課税されるのですが、計算されたその金額のうち引き出さなかった部分に関しては、50％のペナルティ課税がかけられることになっています。

例えば10万ドルの資産額に対して10％の引出率が設定されていれば、その年は1万ドルを引き出さなければなりません。その所得税率を20％と想定して1万ドルを引き出すと、手取りは8000ドルになります。

引き出して残高が減るのが嫌だと考えて2000ドルだけ引き出したとすると、所得税は400ドルだけで済むことになります。しかしペナルティ税は残りの8000ドルに50％を掛けた4000ドルとなりますから、合計で4400ドルの税金を支払うことになります。税引き後の手取額を考えれば、1万ドル引き出して2000ドルの税金を支払う方が合理的となります。

「残りの引出年数」の逆数を利用して引出率を決める

ポイントは、この制度で利用されている引出率の計算方法です。年齢ごとに残りの配分年数を決め、その配分年数の逆数を引出率として使っていますので、まさしく「予定率引き出し」のルールです。

直近の国税当局のデータ（図表24）では、１２０歳の人には残り年数を2年と設定していますので、計算上は最長１２２歳までを想定していることになりますが、各年齢の配分年数を見ると、ちょっと長めに設定した余命という感覚です。

例えば、72歳では表の通り配分年数は27・４年ですので、引出率は１÷27・４で計算した３・65％となります。10万ドルの資産がＩＲＡとか４０１(k)に残っていれば、この年には３６５０ドルは最低でも引き出さなければなりません。

これが80歳になると、１÷20・２で計算されて４・95％に、90歳になると、１÷12・２で計算されて８・20％となります。年齢が高くなるにつれて引出率が引き上げられていくわけです。

毎年引き出すことで残高は減少しますが、こうして引出率を引き上げることで、引出額が大きく低下することを避けることができます。

もちろん、引き出しを「率」で設定していますから、収益率配列のリスクは回避できますし、そもそも収益率配列のリスクは、使いながら運用する期間の前半の収益率が想定を下回る場合に起き

図表24：米国Required Minimum Distribution（最低引出制度）で使われる配分年数

年齢	配分年数	年齢	配分年数	年齢	配分年数
72	27.4	83	17.7	94	9.5
73	26.5	84	16.8	95	8.9
74	25.5	85	16.0	96	8.4
75	24.6	86	15.2	97	7.8
76	23.7	87	14.4	98	7.3
77	22.9	88	13.7	99	6.8
78	22.0	89	12.9	100	6.4
79	21.1	90	12.2	101	6.0
80	20.2	91	11.5	102	5.6
81	19.4	92	10.8	103	5.2
82	18.5	93	10.1	104	4.9

（注）未婚者、配偶者と10歳以上年齢が離れていない既婚者、IRAの受益者が配偶者唯一でない既婚者を要件とした場合のデータ。なお、105歳以降から120歳以上まで配分年数は設定されているが、ここでは非表示とした。

（出所）米国IRS、Required Minimum Distribution Worksheet（2022）、Appendix B、Uniform Lifetime Table IIIより作成

るので、前半の引出率を低めにすることでさらにバランスよく引き出すことが可能になります。

ところで、米国では資産の引き出しを可能にするシステムが金融機関によって開発されています。

自動払い出しシステム（Systematic Withdrawal Plan, SWP）は2000年代の前半からありましたが、この引出機能にRMDの引出率を適応させることも行われています。

SWPを使って投資信託の定期的な引き出しができ

れば、ＩＲＡや４０１(ｋ)で保有する資産を投資信託で運用しながら、ペナルティ税を払うことなく計画的に引き出すことができるようになるわけです。公的なルール、仕組みが民間の金融サービスにうまく組み込まれている好例かもしれません。

「予定率引き出し」をイメージしてみる

米国のＲＭＤの考え方を日本でもやってみてはどうでしょうか。

もちろん同じ数値がわれわれに適しているかどうかといった厳密な議論は別にする必要があるかもしれません。しかし、それほど難しく考えるのではなく、例えば平均４％くらいで引き出すと決めて、**65－69歳は3・5％、70－74歳は4％、75－79歳は4・5％と決める**だけでもいいのではないでしょうか。

図表25、図表26のグラフは、１００歳から逆算するような形で作ってみました。上のグラフは毎年の引出額の推移を、下のグラフは保有資産残高の推移を示しています。

このグラフを見る場合は右側からスタートします。まずは「使うだけの時代」として１００歳から80歳までの20年間から考えます。この期間は、毎月10万円、年間１２０万円ずつ資産の取り崩しを想定しています。そのため逆算すると、80歳の時点では資産が２４００万円必要になります。

次に80歳から65歳までの15年間ですが、ここでは年率３％で運用することは同じですが、引き出しで２つのパターンを作ってみました。図表25のタイプＡは、この15年間を毎年残高の４％で引き

図表25：定率引き出しの場合の引出額と残高の推移（タイプA）

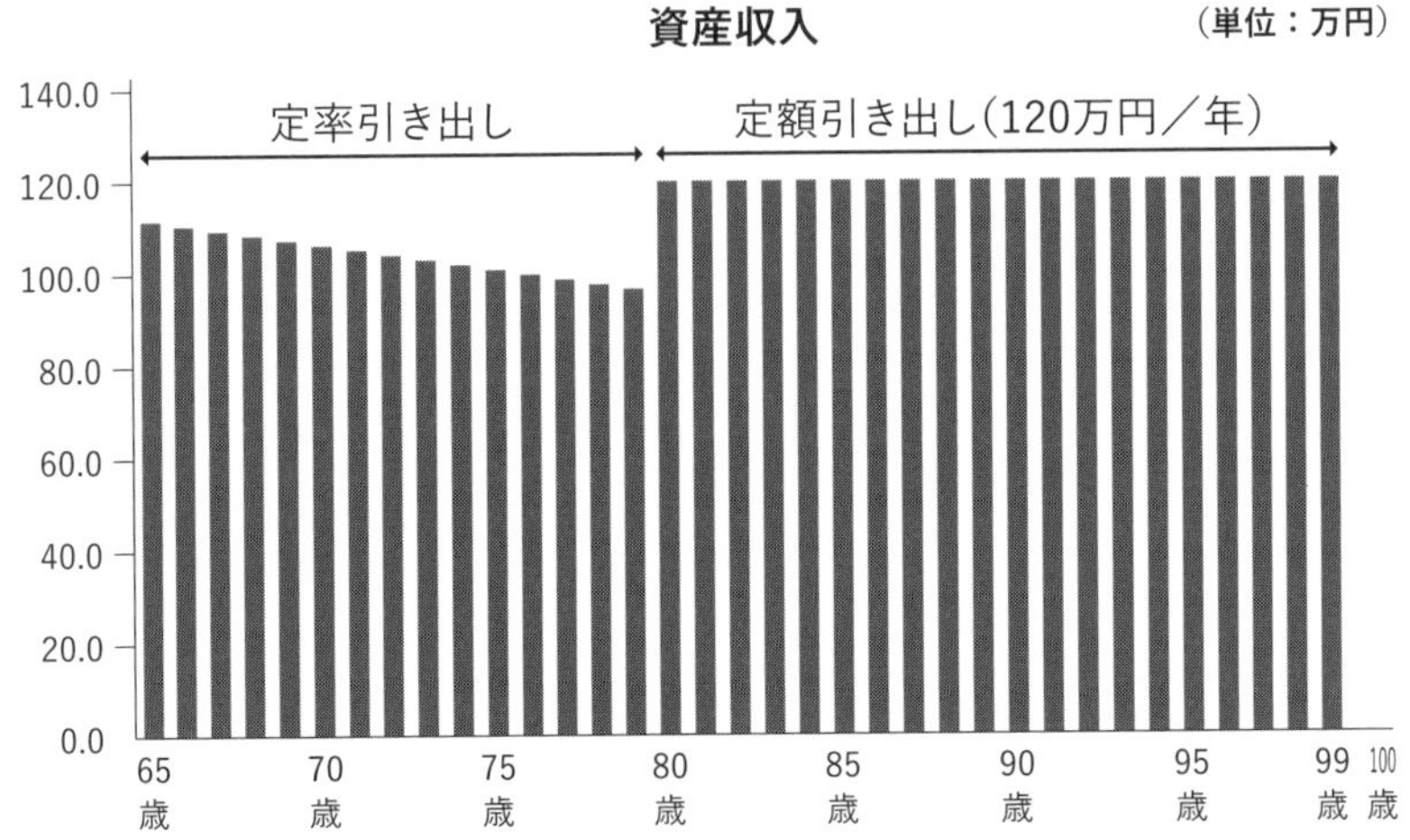

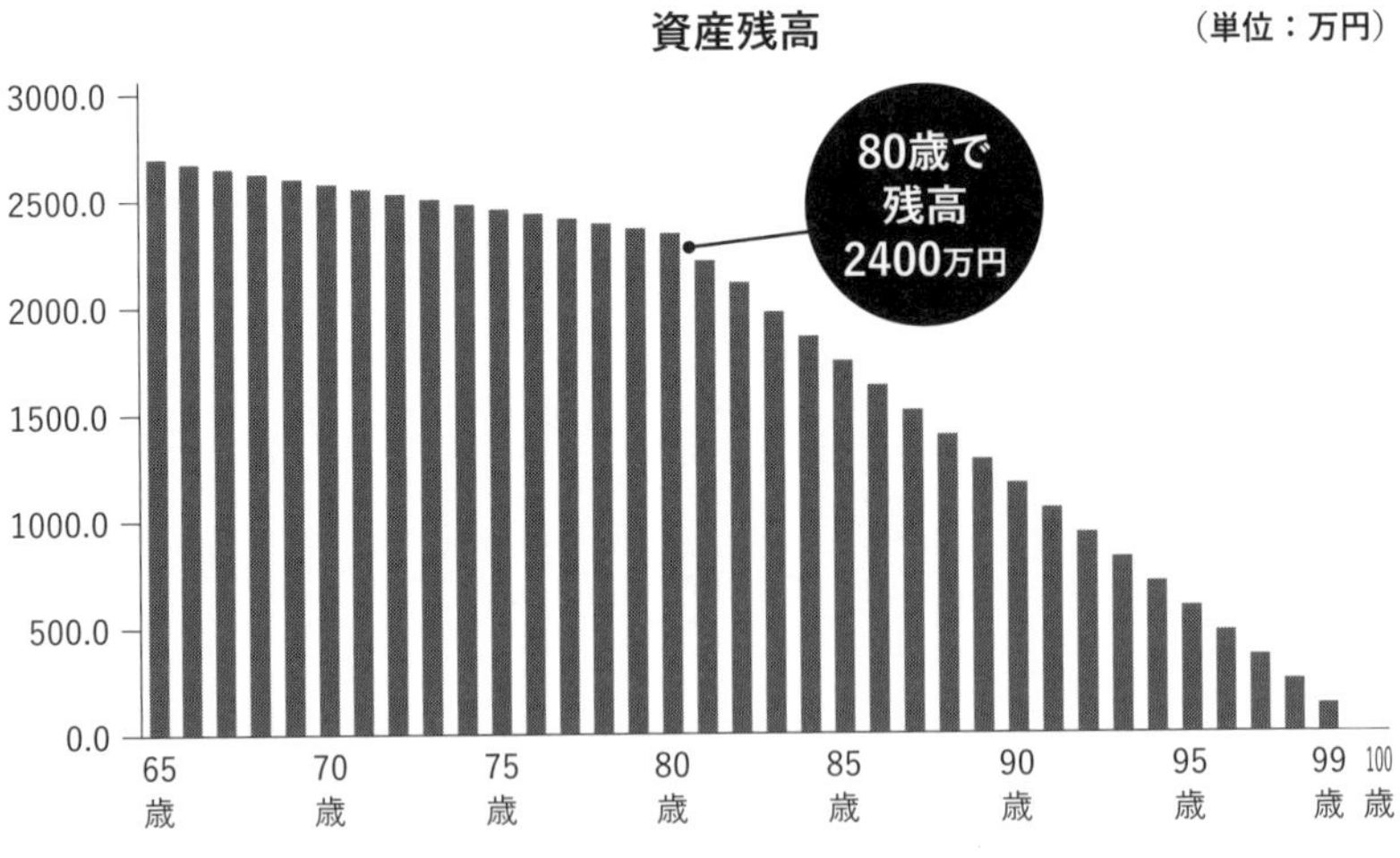

（注）65-79歳では年率3%で運用し、引出率は4%で計算

図表26：予定率引き出しの場合の引出額と残高の推移（タイプB）

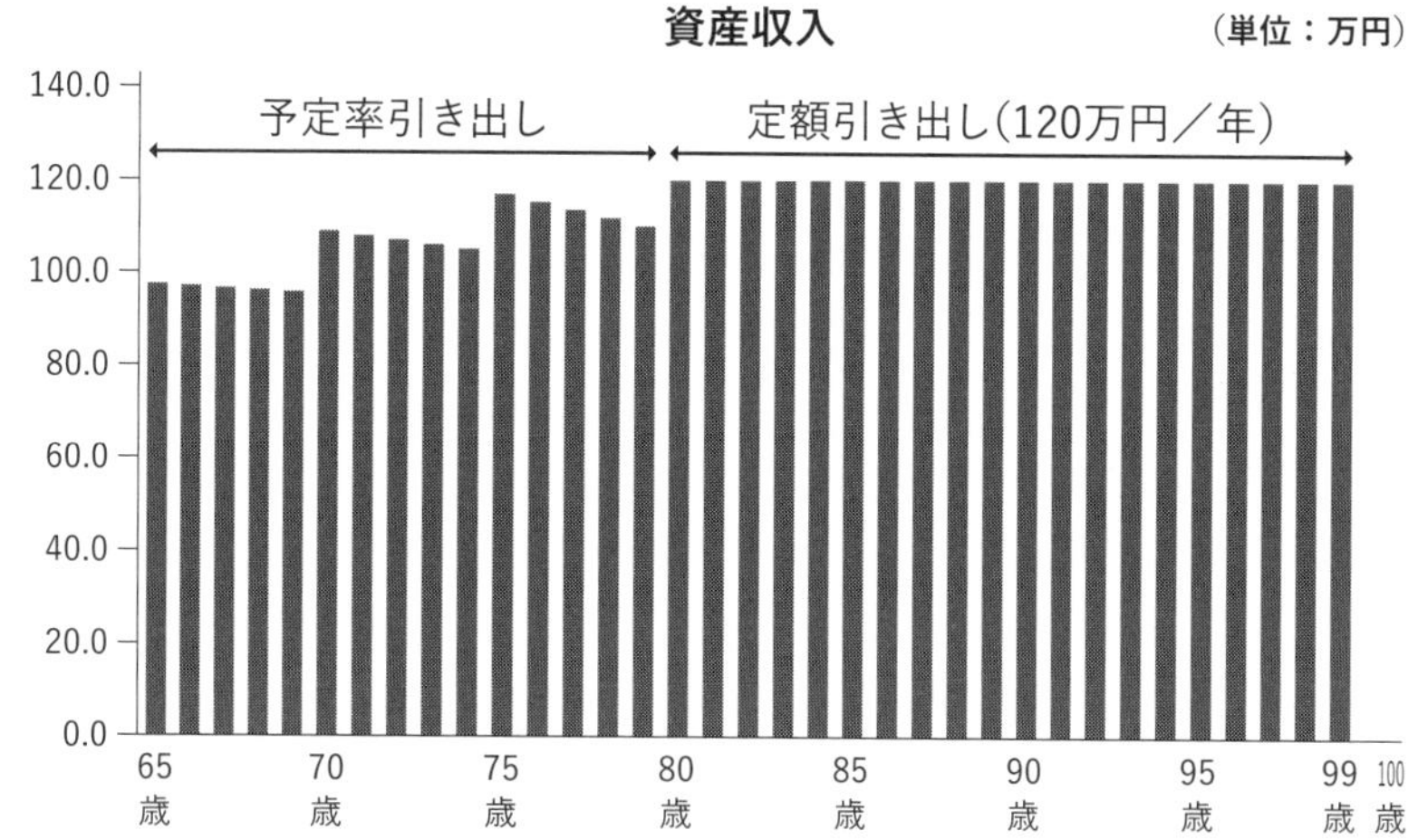

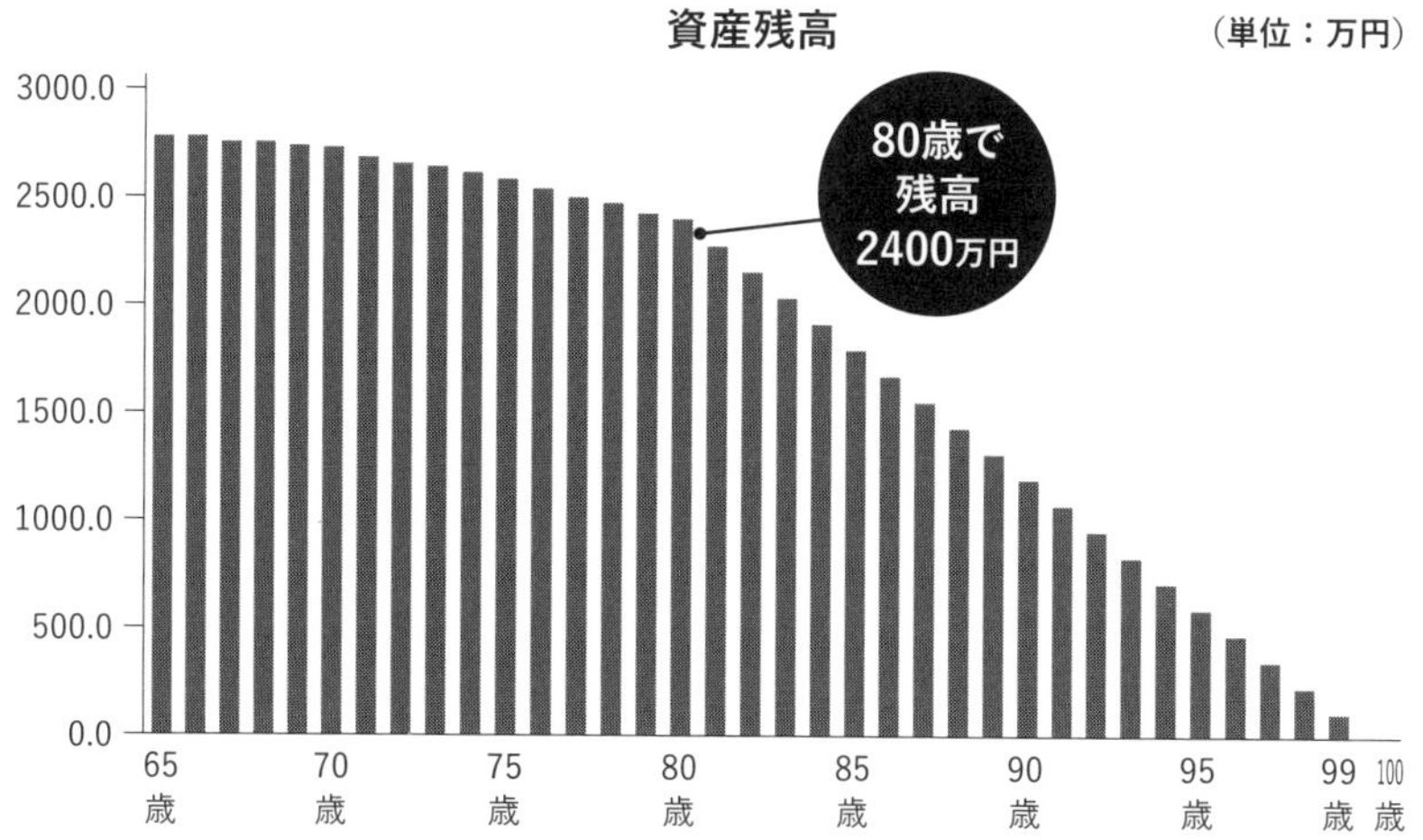

（注）65-79歳では年率3%で運用し、引出率は65-69歳で3.5%、70-74歳で4.0%、75-79歳で4.5%で計算
（出所）図表25、図表26ともに合同会社フィンウェル研究所作成

出すことを想定しています。いわゆる定率引き出しです。この場合、引出額の推移は80歳に向かって徐々に少なくなっていきます。また残高の減り方は毎年1%の定率となります。

これに対して図表26のタイプBは、率で引き出しを考えますが一定の率ではなく、年齢が高くなるほど引出率を高めに設定する「予定率引き出し」の考えで計算しています。具体的には、先ほど示したように75－79歳は4・5%、70－74歳は4%、65－69歳は3・5%としています。そうすると引出額はそれぞれの5年間では徐々に下がりますが、5年ごとで見ると少しずつステップアップしていることがわかります。また、残高の推移はタイプAよりも緩やかで少し曲線になっていることがわかります。

個人的には、**予定率引き出しの方が安心感が高まる**ように思います。

「定口引き出し」のメリットと課題

定額引き出しのほかに、定率引き出しと予定率引き出しを紹介しましたが、そのほかにも例えば投資信託では**定口引き出し**といった方法もあります。

投資信託を基準価額1万円として1000万円保有しているとします。基準価額は投信1万口の価格で計算されますので、この人の保有口数は1000万口ということになります。

これを定口取り崩しとして、毎年100万口ずつ取り崩すとしますと、基準価額が1万円であれば取り崩し額は100万円となり、基準価額が1万2000円になれば、120万円の引出額となります。逆に基準価額が９０００円に下がれば引出額は90万円です。

この方法も「収益率配列のリスク」を回避できる方法の１つです。引出額は、一定口数÷残口数に価格を掛けて計算されます。この計算式では引出率＝一定口数÷残口数で計算され、引き出すたびに残口数は減りますから、引出率は毎年上昇します。これも「予定率引き出し」と同じ発想であることがわかります。

ただ、課題もあります。この方法で取り崩しをすると引き出す年数（先の例なら10年）で確実に全額引き出すことになります。少し見方を変えると、この方法では引出率が毎年上昇し、最後の年（この場合であれば10年目）は１００％の引出率になります。これは定率引き出しとか予定率引き出しでは、想定しない引出率です。

デス・ファンドと呼ばれる懸念

２０００年代の初めに米国では、こうしたアイデアに近い引出型の投資信託が販売されました。最後の引出率は１００％というタイプです。

私は前職の関係もあってフィデリティ・インベストメンツのファンドはよく調べましたので、その概要を紹介します。もちろんほかの金融機関でも同様の投資信託があったと思います。このファンドはリタイアメント・インカム・リプレースメント・ファンドと呼ばれて、まさしく退職後の資金の確保を目的にしたミューチャル・ファンドです。これに前述した Systematic Withdrawal

Plan（SWP）を組み合わせて、毎年の引出率（金額ではなく、あくまでも引出率を設定）を事前に設定して、その比率に合わせて引出額分を毎年売却するというコンセプトです。

しかもこのファンドは、確定拠出年金（DC、米国では401(k)が有名）でよく使われているターゲットデート・ファンドをベースにしています。DCでは年齢が上がるにつれて徐々にリスク性資産の比率を低下させていくという基本設計が組み込まれていて、最終的に売却する際には価格変動リスクが最小になるように現金またはそれに類する金融商品が100％（またはそれに近い数値）になるように設計されています。これを退職後の取り崩し用に転用したものでした。

例えば、私なら現在64歳なのであと30年くらいを取り崩し期間と想定すれば、ターゲットは2055年となります。この年に最後の引き出しができるように自動的に設定されているというわけです。

これは理論的には大変良くできた「サービス付き金融商品」だったと思えるのですが、それほど売れなかったと聞きました。

それはマインドセットでハードルが高いからだったようです。私の場合で言えば、2055年をターゲットに取り崩していくということになりますが、どのターゲット年のファンドを選ぶかは、自身の寿命を選ぶようなもので、その結果、「Death Fund」と揶揄されたと聞きました。

これはなかなか気持ちの上では難しい決断を迫るように思いますから、ハードルが高かったのもよくわかります。

投資信託の引き出しのシステム――定率は今のところ2社だけ

ところで日本でもＳＷＰのような資産の取り崩しシステムは開発されています。多くの金融機関では、定額取り崩しと定口取り崩しのシステムは開発されていますので、馴染みの金融機関に直接聞いてみるといいと思います。

ただ、定率引き出しのシステムを提供しているのは、私が知っている限りでは、オンライン証券会社の楽天証券とフィデリティ証券の２社だけです。

金融審議会市場ワーキング・グループの資料や閣議決定された「高齢社会対策大綱」など、いわゆる公的な資料に「資産の取り崩し」という言葉が盛り込まれるようになり、「資産の取り崩しも金融サービスだ」という認識が広がってきたからでしょうか、２０１９年、20年に定率引き出しのサービスがスタートしています。

次ページの図表27に両社のサービスの概観を比較しています。

両社のサービスにそれほど大きな差異はありませんが、強いて挙げれば、楽天証券が引出率の最低水準を０・１％と小さくしていること（フィデリティ証券は１％）と期間指定の引き出しを可能にしていること。一方で、フィデリティ証券は隔月（奇数月）での引き出しを設けて公的年金の補完という考え方を打ち出していることが、違いでしょうか。

課題もあります。現状では、両社のサービスは個々の投資信託ごとに引出率を設定するサービス

図表27：定率引き出しのサービス

楽天証券	フィデリティ証券
2019年12月29日スタート	2020年8月2日スタート
投資信託が対象 （一部対象外のものもある）	投資信託が対象 （一部対象外のものもある）
毎月1回、引き出し日を指定可能	毎月1回、または隔月（奇数月）で 引き出し日を指定可能
引き出し方法 ①定額：1000円以上、1円単位 ②定率：0.1％以上、0.1％単位 ③期間指定：最終受取年月を 指定して均等口数で	引き出し方法 ①定額：1万円以上、1円単位 ②定率：1％以上、50％以内、 0.1％単位
受け取りは楽天銀行で可能	指定銀行への出金 （1万円以上、1円単位）

（出所）各社HPの資料などからフィンウェル研究所作成

となっています。最終的には、口座全体を想定して「率」を使った引き出しを考えることが必要でしょうし、それに合わせて残った資産のアロケーションの変更も必要になってくるでしょう。

正直言って、こうしたサービスまでシステムで対応するのは簡単ではないように思われます。やはりここにアドバイザーの存在価値があります。

定率引き出しのシステムを活用してアドバイザーが、口座全体の運用と引き出しを管理し、資産寿命の延伸を進めていくのが、大切な金融サービスになるはずです。

引き出し方法の組み合わせ

個人的には、引き出しのサービスは

重要ですが、１つの方法で30年以上の長い期間をカバーするのはちょっと無理があるようにも思います。そこで、考えたいのが複数の引き出し方法の組み合わせです。

資産の中身ごとに、口座ごとに、年齢に応じてといった具合に組み合わせのアイデアもいろいろあるのではないでしょうか。

定額引き出し、定率引き出し、定口引き出し、余命をうまく使った予定率引き出しなどをうまく組み合わせることが重要で、それが「資産活用」の重要なポイントになると思います。

そこで年齢による２つのステージに分けて考える「資産活用」の考え方を引き出し方法の視点から、見てみようと思います。

4 逆算の資産準備

資産活用を考えるときに最も頭を悩ませるのが「何歳まで生きるかわからないから、ゴールが決められない」という課題です。しかし、これはどんなに悩んでも答えが出るとは思えません。

そんなことに悩んでいないで、さっさと「１００歳まで生きるだろう」と決めてしまった方が次に進みやすいと思いませんか。１００歳よりも早く寿命が尽きれば、残った資産は相続させればいいと考えて、お金と向き合った方がいいと思います。

そこで、資産活用の最終ゴールを「100歳まで資産寿命を延ばす」と設定します。そこから遡って資産がどうなっていればいいかを逆算していきましょう。

100歳から遡る「逆算の資産準備」の考え方

100歳から80歳までの「使うだけの時代」では、資産運用から撤退しており、資産が預金だけとなりますから、ここでは定額引き出しが最も適した引き出し方法だと思います。80歳時点で保有する資産を20年で割って、1年当たりの最大使える資産を決めることができます。

具体的に、この20年間は「公的年金のほかに毎月10万円ずつ資産を引き出して生活費に充てたい」と計画したとします。そうなると、80歳の時点で2400万円（=10万円×12か月×20年）あれば、預金に金利が付かないとしても、この計画が達成できることになります。

次は、80歳で2400万円を残す計画です。ここでは資産運用を続けていることが前提ですから、収益率配列のリスクを避けるべく「率」を意識した引き出しになります。

定率引き出しでも、予定率引き出しでも大丈夫ですが、ここでは説明しやすいので「定率引き出し」で計算してみます。80歳から65歳まで遡る15年間は、「毎年3％で運用して（毎年、一律に3％運用を続けることは不可能ですが、計算を簡便にするために、ここではそう設定します）、残高の4％を引き出す」と想定します。

図表28: 逆算の資産準備:取り崩し方法で見る2つのステージ

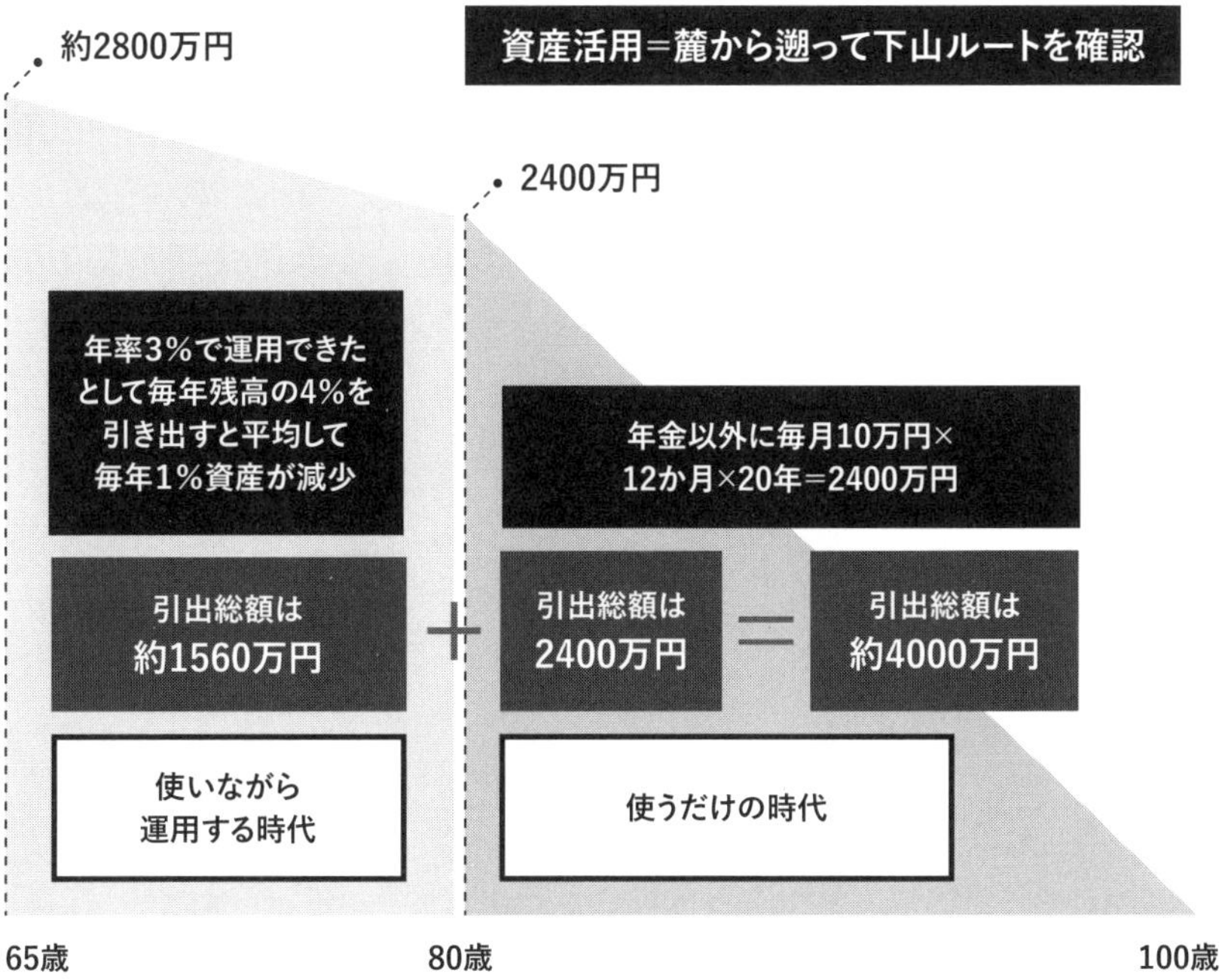

(注)「使いながら運用する時代」の「年率3%運用」は毎年3%で運用できることを想定している。そのため、実際の運用においては計画通りにならない可能性がある。ここでは「使いながら運用する」というコンセプトの効果を理解するために単純化している。

(出所)合同会社フィンウェル研究所

この引き出し方法で、80歳に2400万円を残すためには、逆算すると、65歳で約2800万円あればいい計算となります。

前半は「率」による引き出し、後半は「額」による引き出し

100歳から遡って、何歳の時にいくら資産を残していくかを順番に考えていくことを「**逆算の資産準備**」と呼んでいます。この考え方に沿ってみると、「何歳まで生きるかわからない」「いつ資産運用を止めればいいのか」「資産の枯渇が心配だ」といった計画を立てる際に悩んでいたいくつかのことが、「わからないことは悩んでいても仕方がない。それらを想定して準備する方がすっきりする」とわかってきます。

また、退職後の「資産活用」のフェーズを2つのステージに分ける考え方は、引き出しの方法から見ると、前半は「率」による引き出しで、後半は「額」による引き出しであることがわかります。どのように運用するかが問題ではなく、どうやって今ある資産を取り崩していくか（引き出しを運用とどう組み合わせるか）の方が、資産寿命の延命にいかに重要な要素であるかもわかっていただけるのではないでしょうか。

2800万円の老後資金で4000万円分引き出す

ここでちょっと目線を変えて注目していただきたいのが、図表28にも記載している「引出総額」です。

退職後の35年間に使える資金の総量として見ていただくと、65歳時点の残高よりもかなり多くなっています。もし全く何もしないで、65歳の時点の約２８００万円の資金を金利０％の預金に預けて毎年引き出していくとすれば、その引出総額はどんな引き出し方をしようと約２８００万円です。しかし、この２つのステージによるアプローチをしてみると、前半のステージでの引出額は約１５６０万円、後半は２４００万円ですから、引出総額は約４０００万円になります。何もしなかった場合に比べて、資産の使い出は４割ほどアップしたことになります。

これは「もっとお金を使える」という発想にもつながるはずです。そこまでなくても「保有資産の枯渇が心配」という理由で「できるだけ使わないでおく」という心持ちは、より軽くなるのではないでしょうか。

60代がこれからの日本経済を支える、消費を通じた社会貢献をするというのは、「もっと使えるよ」という新しい生活スタイルが登場しなければなりません。

また、この資産の使い出という視点から見ると、例えば老後２０００万円問題として騒がれた「退職後の30年間で足りなくなる資金２０００万円（≒月額５・５万円×12か月×30年）」も違った目線で考えられます。

２０００万円は引出総額ですから、逆算すると65歳で１４００万円くらいの資産があれば、想定の引出総額になると考えることができます。これは資産形成を考える若い人にとっても、視点を変えることになるのではないでしょうか。

下山ルートを先に考えることで、「無理をしない登山」ができるといういい例ではないかと思います。

投資信託の分配金を引き出しに活用する方法も

ところで、「率」を想定した引き出しを実際に行う場合に、引出額の一部に投資信託の分配金を充当することも可能です。

ただ、引出額を「率」で決める場合、相場水準によって引出額を変動させなければならないのに、金額が固定的（下方硬直的、127ページを参照）な分配金は扱いにくいものです。しかし、「引出額＝解約金額＋分配金額」と想定すれば、分配金を低めに設定して、変動する部分を解約する金額で対応することは可能です。

具体例を図表29のグラフで見てみます。

残高3000万円の時に4％の引出額は120万円です。このうち60万円を投資信託の分配金で賄い、残りを投資信託の解約で充当します。価格が下落して、残高が2500万円になった場合には、4％の取り崩しは100万円となります。分配金が定額であれば60万円ですから、投資信託の解約額は40万円に変更するといった具合です。

図表29：「率」を使った引き出しと投資信託の分配金の使い方

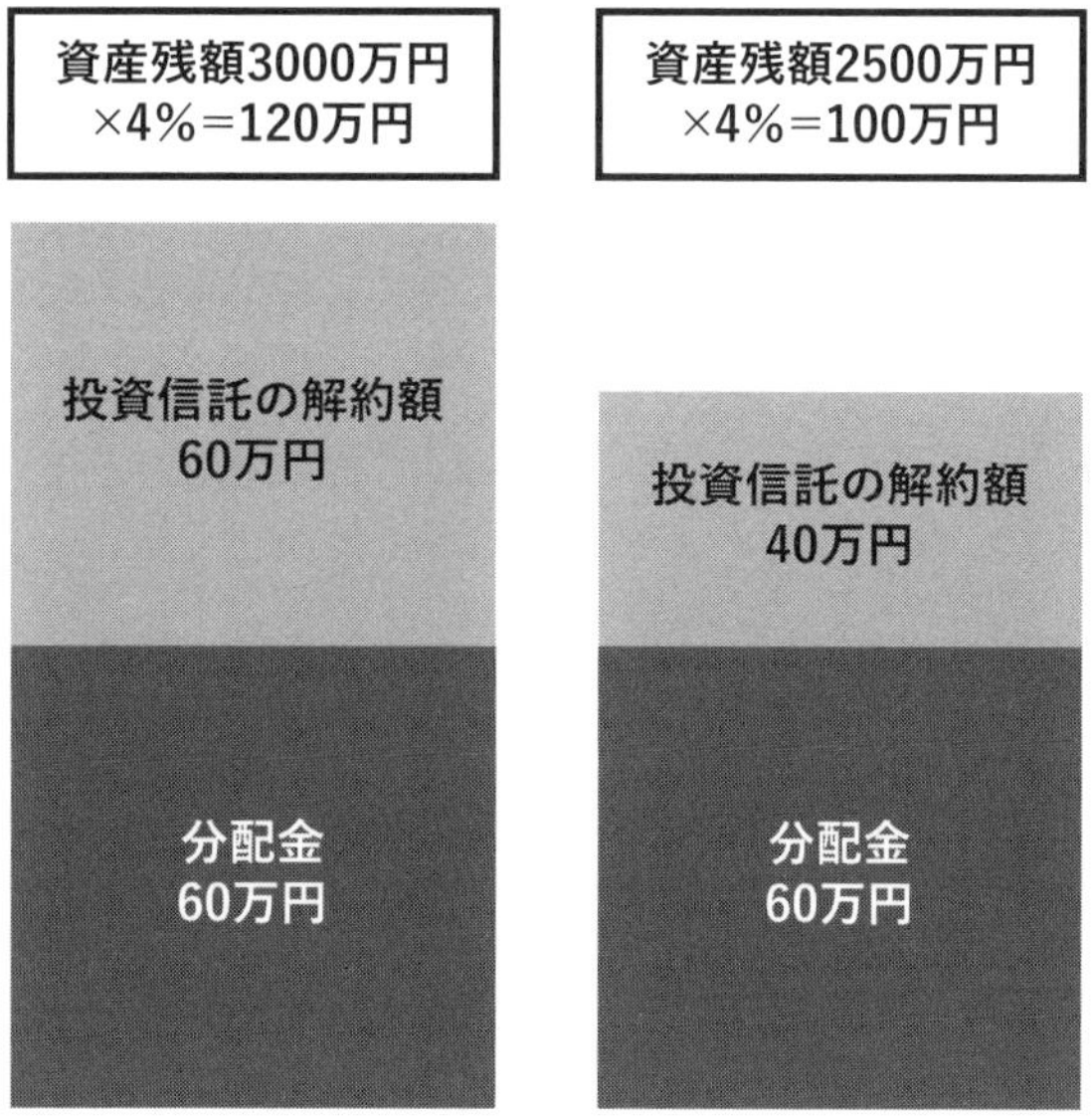

（出所）合同会社フィンウェル研究所

インフレになったら引出額はどうするか

　ところで、最近、インフレが気にかかるようになってきましたが、将来、インフレになった際に引き出しはどう考えるべきかについても少しまとめておきたいと思います。

　気になるのは運用パフォーマンスですが、リスク性資産の収益率は無リスク資産の収益率にリスクプレミアムを加えて決まるという考え方からすれば、インフレによって無リスク資産の収益率が高まれば運用パフォーマンスも上がることになります。その点では、株式などにも分散投資をしていれば、あまり心配することはないと考えています。

ただ、インフレが始まってから運用パフォーマンスに影響するまでにはタイムラグがあると考えます。すなわち当初はインフレ率が高まっても、運用パフォーマンスの改善にはすぐつながらないことが懸念されます。取り崩しを始めたころに、こうした事態が起きれば、定額取り崩しが内包する収益率配列のリスクがより顕在化しかねません。その意味で、**これから資産運用を始める場合には、インフレの顕在化と運用パフォーマンスへの影響のタイムラグに注視する**必要があります。

もちろんインフレで引出額も多く必要になってきますから、こちらもある程度の想定をしておく必要があるでしょう。その点では、「予定率引き出し」で紹介した、年齢に合わせて引出率を徐々に高めていくというアイデアは十分に検討するべきものと思います。

第5章

保有する資産全体のなかで取り崩しを考える

1 有価証券と預金の2資産で考える

ここまで資産の取り崩しに関して、いろいろな視点からまとめてきましたが、もう少し具体的なアイデアを練っていきたいと思います。

例えば、保有する資産のどれくらいを運用に回すのか、どういった運用資産の構成にしたらいいのか、万が一の時のための資産はどう考えたらいいのか、家とか土地といった資産は60歳以降の資産としてどう考えればいいのか、リバース・モーゲージはどう考えるべきか、年金保険のあるべき姿は、などなどです。

もちろん先に申し上げておきますが、ここから紹介する考え方はかなり私の独善的なものであること、そのためすべての人に合っている考え方とは言い切れないことをご承知おきいただけると助かります。

でも比較的多くの方に納得していただけるのは、「保有しているすべての金融資産を有価証券で運用することは避けたい、したくない、できない」ということだと思います。大きく分ければ、金融資産は有価証券と預金ということになるでしょうから、預金をゼロにして有価証券だけにして、資産の取り崩しを考えるなどなかなかできません。

とすると、まず考えなければならないのが、**どれくらいの資産を有価証券として保有するのか**という視点です。

以前はリスク性資産の比率を「１００－年齢」で計算するといったことが言われました。64歳の私なら、36％をリスク性資産で保有するというロジックになります。そのまま行けば１００歳になったところでリスク性資産を０にするというわけです。

これは「**運用資産のなかにおける株式比率**」といった表現で使われる場合もあります。ただ、今のような金利水準だと、資産を株式（または投資信託、ＥＴＦ）と預金の２つに収れんさせている人も多いのではないかと思います。

なかには海外債券を保有する人もいると思いますが、それも為替リスクまで考慮すると株式と変わらないくらいのリスク性資産ではないでしょうか。かなり変動の激しい為替を介しているだけに、海外債券を株式よりもリスクの低い金融商品とは言い切れないと思います。もちろん、国内債券はあまりの金利水準の低さから個人の運用資産として保有するのは躊躇します。

退職後の資産、どれくらいを運用するか

私の場合には、退職後の金融資産は株式（投資信託とＥＴＦです）と預金の２つになっていますから、リスク性資産の比率は有価証券で運用している資産と同じことになります。先ほどの「リス

ク性資産比率＝１００－年齢」という等式は、私の場合には運用資産比率を算出するのと同じ意味になります。

改めて自分も資産構成比を調べてみたのですが、有価証券での運用資産の比率は45％くらいでした。45％が株式投資信託・ＥＴＦで、残りの55％が預金でした。年齢を使った計算よりは10ポイントほど有価証券比率が高いのですが、特に気にしてはいません。

ところで、この等式の課題は金融資産の総額が考慮されていない点です。60歳の人の40％の有価証券比率は、２億円の金融資産を保有する人にとっては低いと思われるかもしれませんが、２０００万円の金融資産の人にはそれほど低いとも言えません。これは、残りの資産を預金とすると、前者は1億２０００万円の預金、後者は１２００万円の預金となりますから、この視点からみるとわかりやすいかもしれません。

退職が近づいてもリスク資産の比率を下げる必要はない

年齢を使ったポートフォリオの比率を考えることは、退職という特殊な事情の際には必ずしも適切ではありません。

それは、退職に際してそもそも資産の現金比率を高める制度が組み込まれているからです。例えば退職金です。これは定年時点で支給される〝後払いの給与〟といわれますが、それが現金で支給されます。

厚生労働省の「平成30年就労条件総合調査」によると、大卒・大学院卒社員で35年以上勤続の場合、退職給付制度合計金額の平均は２１７３万円です。これが退職時点の金融資産の預金比率を一気に引き上げることになります。

そのほかにも確定拠出年金を退職時に一時金で引き出すと、これもすべて現金化されますから、預金比率を引き上げる力になってしまいます。社会保障審議会企業年金・個人年金部会の資料（２０１９年４月22日）によると、企業型確定拠出年金の引き出しは94％が一時金での引き出しとのことです。これは退職所得控除の効果が大きいことを反映していますので、今後もこの傾向は続くと思います。

とすると、現役時代に金融資産のポートフォリオを考えて有価証券比率を調整してきても、退職後にそのポートフォリオの構成比は一気に変化しかねないと想定しておくべきだと思います。

直截的に言えば、**退職が近づいたからといって有価証券比率を引き下げることは得策ではない**ということです。

「退職した場合に保有する有価証券のポートフォリオの中身を変更した方がいいですか？」と聞かれることも多くあります。

これは多くの方が、年齢に応じてリスク性資産を下げていくべきだということを刷り込まれているから起きる心配事なのではないかと思います。

それに対して私は、「必ずしもその必要はない」、いや「できれば変えない方がいい」とさえ考え、そのように答えています。

金融商品を見るうえで大事なことは、その商品に対する自分の信頼度だと思っています。だからこそ、**現役時代に積み立てをして、ずっと保有してきた金融商品であれば、退職してもその保有を継続する方が安心できる**と思いませんか。

それでも、もしリスク性資産の比率を下げたいと思うのであれば、それは**金融商品を乗り替えてリスク性資産比率を下げるのではなく、保有する金融資産に対する有価証券全体の比率を下げることで対応した方が効率的、効果的**だと思います。

「リバランスを行うことで必要のない税金や追加で手数料を支払う」ことになるのなら、さらに勿体ないことだと思います。

2 「バッファー資産」を活用する

有価証券と預金の2つの資産で金融資産の構成比を考える方法は、**有価証券の資産を「運用資産」、預金を「バッファー資産」として2つに分けて、引出方法を考える**とわかりやすくなります。

ちなみにバッファー資産とは万が一の場合の緩衝材（バッファー）となる資産のことを総称して使っているものですから、必ずしも現金・預金だけではなく、終身年金とか住宅とかといった資産が含まれる場合もあります。

ただ、ここではバッファー資産として預金を前提にして話を進めていくことにします。

望ましきは「長生きリスクを回避しつつ、安心した生活」

まずは図表30を見てください。

上段では運用資産の残高を示し、下段ではその資産からの毎年の引出額を示しています。下の段の毎年の引出額は、第2章でまとめた「資産収入」だと考えてください。

説明をシンプルにするために、①勤労収入がなくなっていること、②公的年金受給額は受給を開始しているので定額になっていること、の2点を前提にしています。それに足りない分を運用資産

図表30：資産収入と資産残高の推移―アイデア①

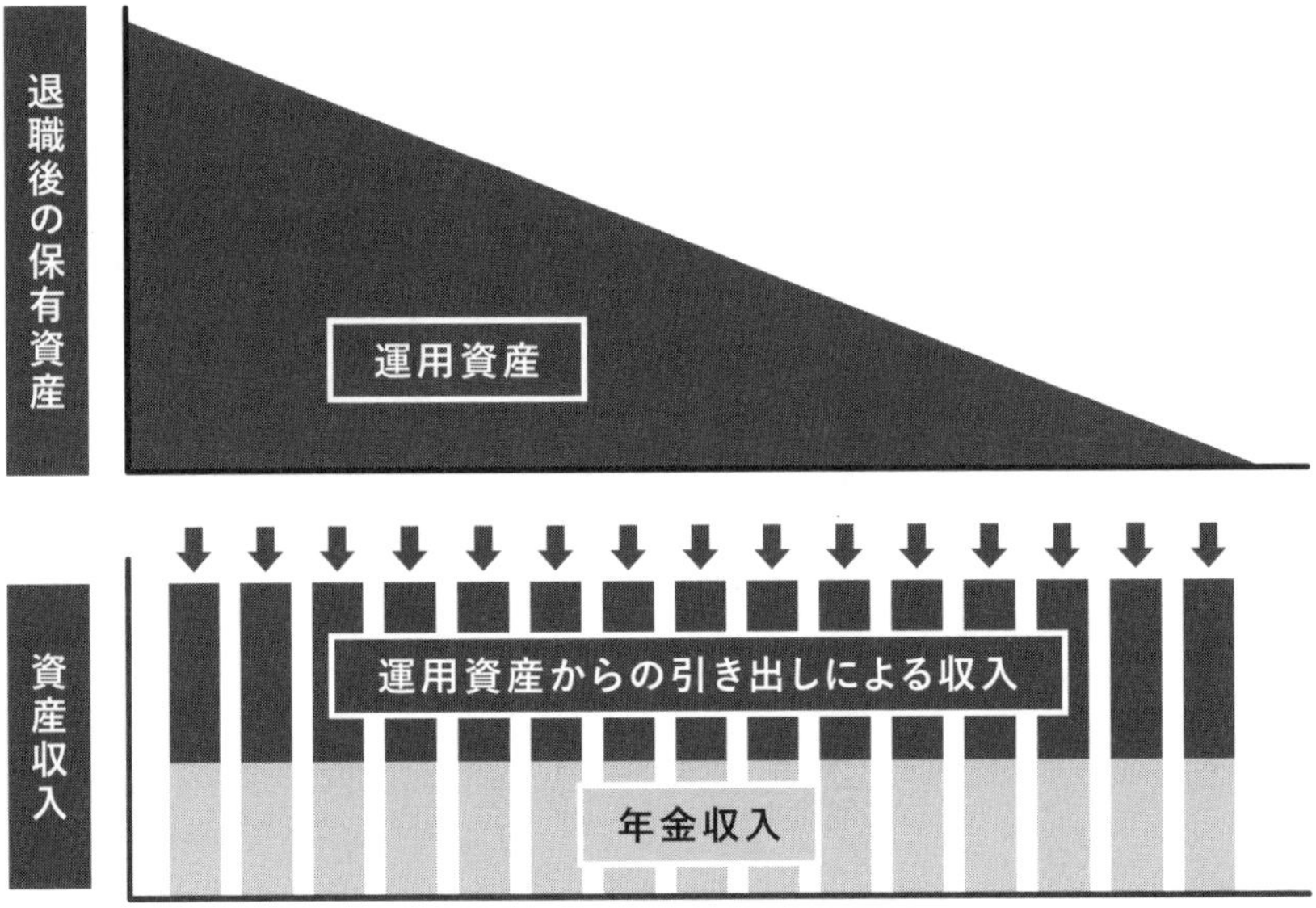

（注）あくまで想定をわかりやすく示したもので、将来を予測するものではありません。
（出所）合同会社フィンウェル研究所作成

から毎年どう取り崩していくかを考えるというわけです。

なお、年金の繰り下げ受給で年金受給額を増やすアイデアもありますが、それでも受け取り始めたらそこからは定額になります。繰り下げ受給のメリットと懸念点に関しては、第2章第4節を参照してください。

最も望ましいパターンは、一定額ずつ引き出していきながら、人生の最後までカバーできる方法でしょう。言い換えると、第3章で説明した「持続可能な引出率」（＝一定の金額）で引き出しながらもしっかりと人生の最後まで資産が残っているという、いわば「長生きリスクを回避しながら安定した生活ができる」という成功したパターンです。(アイデア①)。

万が一の時にはバッファー資産を活用

「持続可能な引出率」には収益率配列のリスクがあり、ある程度の確率で枯渇する可能性を内包しています。そうした万が一の場合には、それからの生活費をカバーしてくれる緩衝材のような資産、「バッファー資産」があれば助かります。緩衝材とは、万が一の時に支えてくれる資産ということになります。

具体的なイメージとしては、〝資産を2つに分けて、1つは長生きリスクを回避するために運用を続けながら、生活のために取り崩していく「使いながら運用」する資産として、もう1つは万が一その資産が枯渇した場合に生活費を補填するバッファー資産として用意しておく〟という考え方となります。これは、運用資産としての有価証券とバッファー資産としての預金で考えると、その比率を考える際のヒントにもなります。

図表31のアイデア②は、その考え方のイメージを示しています。最初から保有する資産を、運用資産とバッファー資産に分けて、まずは運用資産の取り崩しから進めていきます。もし、運用資産の取り崩しだけで、アイデア①のようにうまくいけば、それに越したことはありません。しかし万が一早めにその資産が枯渇した場合には、そこからはバッファー資産を取り崩すことになります。

図表31：資産収入と資産残高の推移―アイデア②

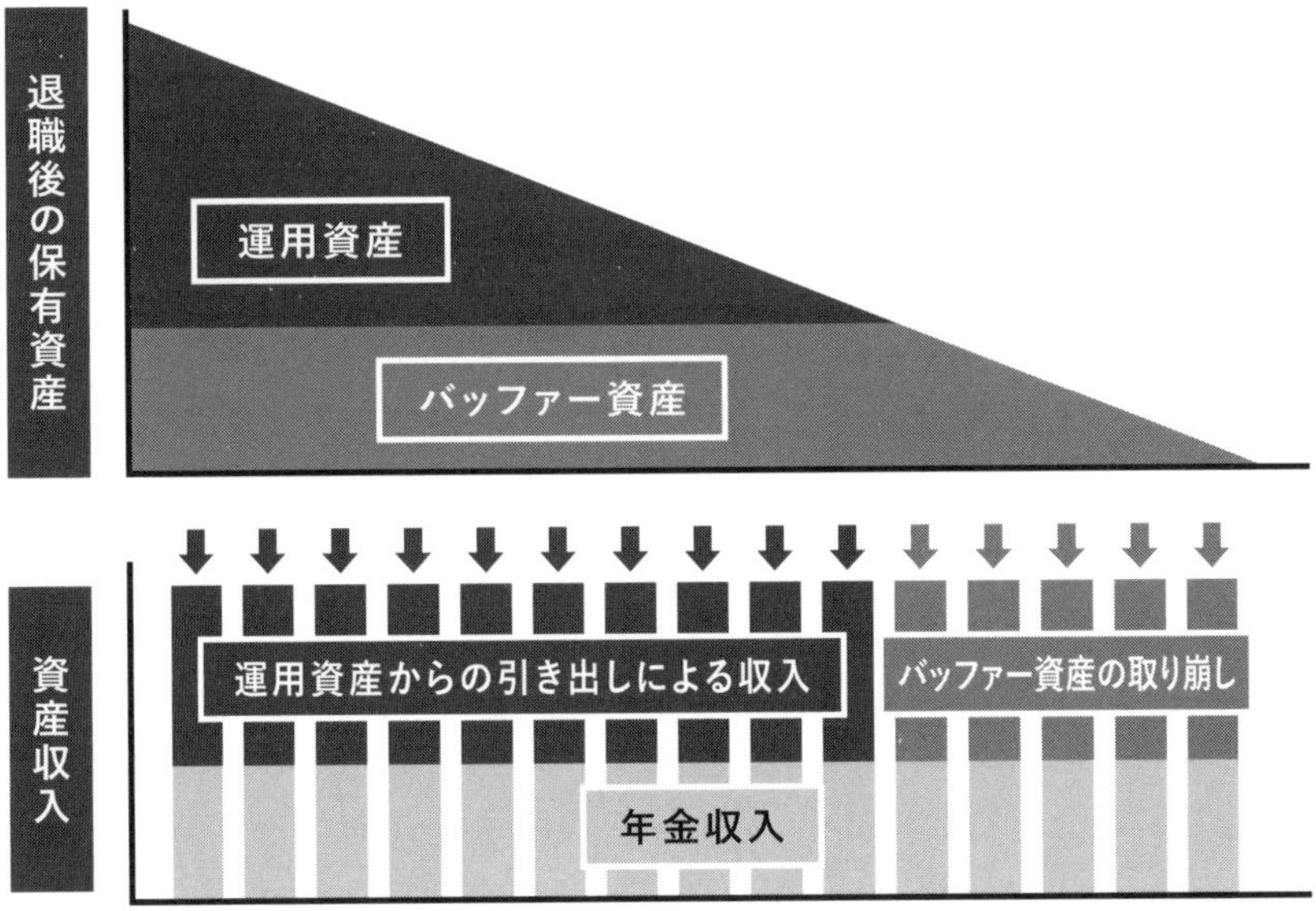

（注）あくまで想定をわかりやすく示したもので、将来を予測するものではありません。
（出所）合同会社フィンウェル研究所作成

例えば、金融資産５０００万円のうち、３０００万円を運用資産として、残りの２０００万円をバッファー資産と設計した場合には、その２０００万円は「最後の生活」用ということになります。65歳から１００歳までの35年間のうち、資産額の比率で振り分けると、有価証券で運用している３０００万円は最初の21年分（＝35年×０・６）を、預金で保有している２０００万円は最後の14年分（＝35年×０・４）をカバーするという発想になります。

もちろん、前半をカバーする３０００万円は運用していますから、実際にはもっと資産寿命は長くなり、21年ではなく、25年とか30年といった可能性も出てきます。そうなれば、バッファー資産は最後の局面でもっと多めに使うことができます。余裕のある使い方ができることになります。

バッファー資産が必要になる年数分で資産構成比を考える

ここで気づかれたかもしれませんが、有価証券と預金の構成を考えるときの指針の一つが、**預金をバッファー資産として35年のうちの何年分をカバーする資金と見立てるかというロジックで考えること**です。

有価証券の比率ではなく、預金の比率からアプローチをする方法です。65歳から100歳までの35年のうち、最後の20年をカバーするバッファー資産を想定すれば、預金の比率は6割弱（＝20年÷35年）ですし、最後の10年をカバーするつもりなら、預金の比率は3割弱（＝10年÷35年）となります。

繰り返しになりますが、有価証券での運用は資産寿命を延ばすことが目的ですから、前者の場合には4割の資産で15年よりも長持ちさせることができれば、後半は余裕が生まれますし、後者の場合なら7割の資産で25年以上長持ちできれば最後の10年はもっと資産収入を多く使っても大丈夫だといえます。

より安全なバッファー資産としての「終身年金」

それでも、もし運用資産の運用が想定ほどうまくいかなくて、65歳から75歳までの10年で枯渇してしまうと気になる場合にはどうすればいいでしょうか。

当初、「80歳からの生活用」として取り置いていたバッファー資産を75歳から取り崩し始めては100歳まで持ちません。

その場合でも、75歳から想定する資産収入を受け取って、それを当初の計画通りに100歳まで受け取れるようにするアニュイティ（終身年金保険）があれば、それをバッファー資産として用意することも可能です。

もし資産運用がうまくいって80歳まで資産運用からの引き出しが可能なら、重なる期間は両方を受け取ってもいいし、75歳から80歳まで使う予定の運用資産をそのまま運用を続けてもいいでしょう。また、預金にすべて切り替えて75歳以降の生活費に上乗せすることも可能です。

運用資産が枯渇した後に使うアニュイティ（終身年金保険）を契約するパターンが、図表32のアイデア③です。

終身年金があっても資産ゼロはちょっと受け入れ難い

なお、ここで想定しているのは、65歳でアニュイティの契約をして（総額を支払って）、実際の資

図表32: 資産収入と資産残高の推移―アイデア③

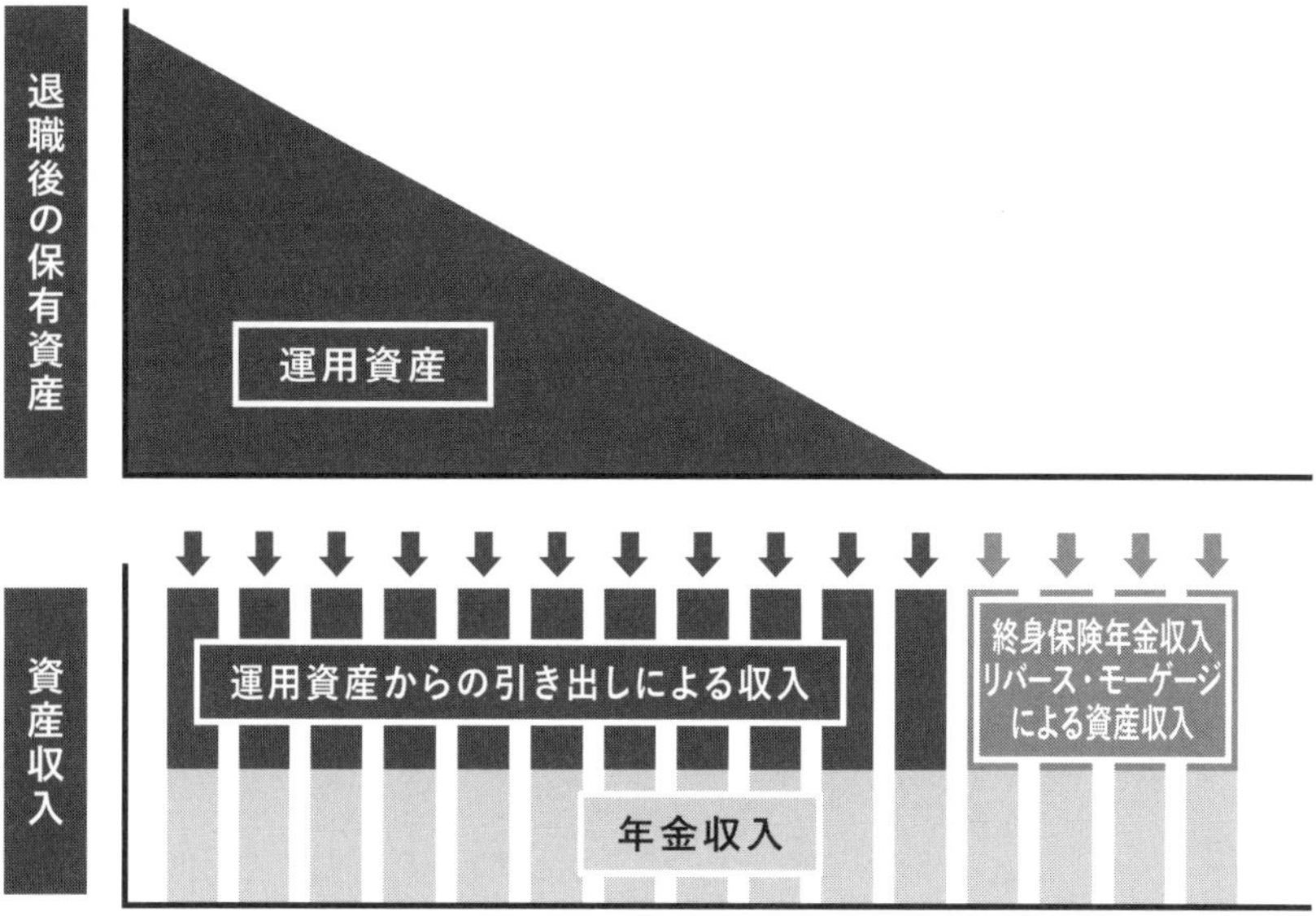

(注)あくまで想定をわかりやすく示したもので、将来を予測するものではありません。
(出所)合同会社フィンウェル研究所作成

金の受け取りを始めるのは75歳とか、80歳とか、85歳といった将来の時点です。これは「繰り延べ型」(DIA、Deferred Income Annuity)と呼ばれ、米国ではDIAをバッファー資産として使うアイデアも多く議論されています。

ただ、日本では繰り延べ型はまだ聞いたことがありません。またアニュイティなどの保険商品は、購入したときからその資金は「資産」ではなく「契約」になってしまいます。アイデア③を示した図表32の保有資産の残高が途中からゼロになっているのは、それを示しています。

こうした段階になると、「手元に資産がない」という不安感が強くなります。これは感情的にはなかなか受け入れにくい状況ではないでしょうか。

具体的に考えてみましょう。65歳の時5０００万円の資産があり、そのうち2０００万円の終身年金を契約します。受け取りは75歳から死亡するまで、毎年一定額の収入を確保できるとします。本来なら80歳までは3０００万円の運用資産からの取り崩しでカバーする計画ですが、万が一のことも想定して75歳から受け取れるようにしておきます。

計画通りに80歳で運用資産をすべて取り崩したとして、その時点での資産構成は、保有資産はゼロ円です。もちろん終身年金で毎年決まった収入がありますが、資産はないという状況です。

資産収入を考えれば合理的な計画ですが、心理的にはなかなか受け入れられない状況です。終身年金がなかなか評価されない要因のひとつではないでしょうか。

米国の確定拠出年金の制度では、最初から積立資金の一部でこうした終身年金を購入すべきだとの考え方もあります。その積立資金は本人がなかなか拠出したがらないので、会社拠出分でそのアニュイティを購入するといったアイデアも議論されていました。さらに年齢に応じて資金構成を自動的に変更するターゲット・デート・ファンドにアニュイティを組み込む商品も登場しています。

リバース・モーゲージもバッファー資産に

同様のバッファー資産として、住宅を使うアイデアもあります。

住んでいる住宅を担保に、生活資金を借り入れ、最後にはその住宅で残債を返済するというリバース・モーゲージのアイデアです。

日本では、この活用はまだそれほど一般的ではありません。一戸建てにしか適用できないとか、マンションだと掛け目が低くて、借りられる資金が少ないといった課題もあり、今後サービスの改善が求められる分野ですが、終身保険を購入する代わりに使えるアイデアになるかもしれません。

例えば、金融資産は3000万円で、できるだけ運用を行って資産寿命を延伸させることを狙いますが、万が一、途中で枯渇した場合には、そこから先はリバース・モーゲージで借り入れた資金で生活をして、その後亡くなったらその住宅を返済に充当するというわけです。

住宅は退職者の資産といえるのか？

ところで、10年以上前にはよく聞かれたのが「住宅は老後の生活のための資産といえるだろうか？」という問いです。「現役時代に多額の住宅ローンを抱えてまで住宅を購入する意味はあるのか？」「賃貸で生活すべきか、購入すべきか？」といった住宅に絡む典型的な議論と合わせて、常に問われています。

ただ、リバース・モーゲージを使ったバッファー資産をあてにするなら、住宅は保有しておく意味があります。

特に現役時代と違って退職世代になると、少なくなった勤労収入では家賃を払い続けられないかもしれず、その勤労収入もいつかはなくなると心配になるものです。そのため、持ち家の方が安心だと思う人は多いはずでしょう。

三井住友トラスト・資産のミライ研究所が２０２２年1月に行った「住まいと資産形成に関する意識と実態調査」によると、60代２２３０人のうち、住宅は購入した方が良いとする「購入派」は37・９％を占め、30代１９８２人の19・０％と比べると20ポイント近く高くなりました。

またその理由として、「購入派」は「最終的に資産として残るから」（49・３％）、「老後を安心・快適に過ごしたいから」（51・０％）を挙げる比率が高く、「賃貸派」は「転勤や転職、ライフスタイルに合わせた住まいを選べるから」（52・４％）と回答しています。

明らかに退職世代ほど「購入派」が多く、その理由も年代の特性を反映していることが読み取れます。

住宅の買い替えで差益を得る「ホームエクイティ」

リバース・モーゲージを使わずに住宅を有効に活用する方法があります。合同会社フィンウェル研究所では毎年、「60代６０００人の声」アンケートと合わせて、実際に移住した60代の人への個別インタビューを続けています。そのなかで感じたことは、地方都市移住で住宅が大きな力になっているということです。住宅の買い替えで差益を実現させて、これを退職後の生活のための資産収入の原資にするという方法です。

図表33: 退職後の生活へのホームエクイティの活用

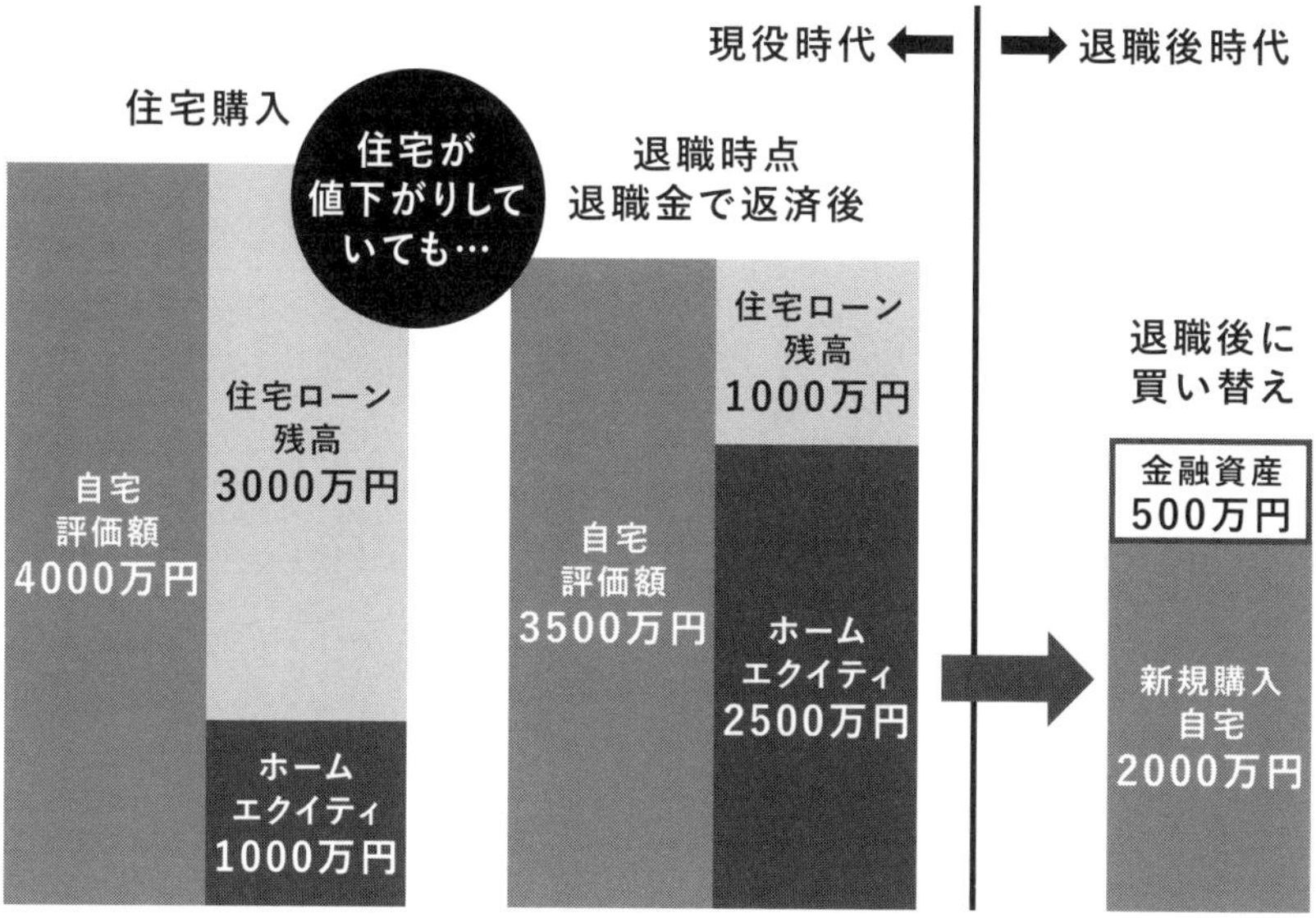

(注)概念図
(出所)合同会社フィンウェル研究所

例えば、4000万円で購入した東京のマンションが退職時点で3500万円まで値下がりしていたと想定します。一方で、住宅ローンも返済が進み、残債は1000万円にまで減少しています。その場合、もしマンションを売却すれば、マンションの資産価値3500万円から残債1000万円を差し引いた2500万円が残ります。これを**ホームエクイティ**と呼びます。

この資金でより安価な2000万円のマンションを購入して住み替えれば、住宅ローンを完済したうえで500万円の金融資産を生み出すことができます。もし退職までに住宅ローンを完済していれば、1500万円が金融資産として取り出せることになります。

これは退職後の生活を支える資産収入の原資となります。ただ、この場合、肝心なポイントは、退職後に買い替えるマンションが安価であることです。住宅価格の大幅に安い地方都市への移住と組み合わせることができれば、住宅が「退職後の生活用の資産」として活用できる道は大きくなるでしょう。

もちろん、地方都市への移住といった大きな変化でなくても、同じ生活圏内でより小さなサイズのマンションに移る形でのダウンサイジングもその効果が期待できるでしょう。子どもがいる時代の大きなマンションは、退職してからは不要です。

前半であえてバッファー資産を取り崩す方法も

これまでは、バッファー資産を最後に残して万が一の時に使うというアイデアを紹介してきました。バッファー資産が「人生の最後に起きがちな、万が一の場合の『緩衝材』である」というのが、ここまでの考え方でしたが、『緩衝材』を「保有する資産の劣化を避けるもの」という意味で考えると、「先にバッファー資産を使う」というのももう1つの方法となります。

ここからは、その方法を紹介しておきましょう。これは実は私もやっている方法でもあります。

第3章図表17の「収益率配列のリスク」に関する数字で示した表をもう一度見直してください。ここで指摘したことは、使いながら運用を行う場合に、その前半で収益率が想定を下回ることが多くなると想定以上に元本が棄損するというものでした。

そうであれば、**前半に運用資産の引き出しを行わないようにする**という対策もあり得ます。そのために**使いながら運用する前半にはできるだけ、バッファー資産から引き出していく**というのも合理的なアイデアとなります。

もちろんすべてのバッファー資産を先に引き出してしまうのは躊躇しますから、ある程度の預金を残すつもりで、計画を立てることも可能です（アイデア④、図表34）。

米国で、資産の取り崩しを議論する際に、「収益率配列のリスク」の懸念をある程度回避できる年数を5年程度に設定しているケースがありました。そこで例えば、資産の取り崩しを始める最初の5年程度を「預金から先に引き出し、運用資産に手をつけない」という方法を検討します。

65歳から取り崩しの生活に入るとして、70歳まで勤労収入と預金の引き出しで生活費をカバーして、その分年金収入を繰り下げることができれば、70歳以降の年金収入が42%増加した分、運用資産からの取り崩しも少なくて済みますから、より合理的な方法ではないでしょうか。

図表34：資産収入と資産残高の推移──アイデア④

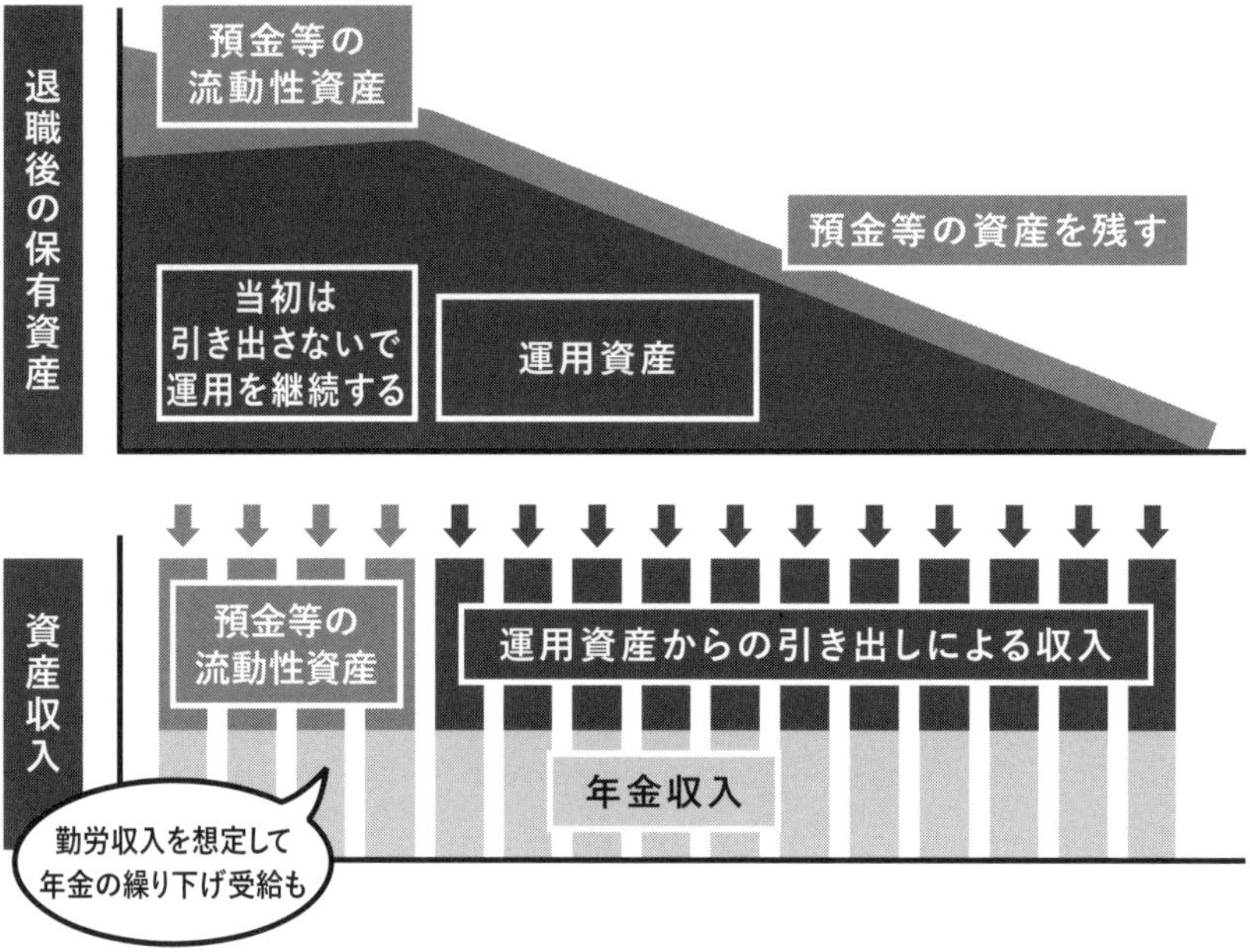

（注）あくまで想定をわかりやすく示したもので、将来を予測するものではありません。
（出所）合同会社フィンウェル研究所作成

退職時に一気にリスク性資産の比率が急落

バッファー資産（預金）から先に取り崩すというアイデアを、リスク性資産の構成比の変化という視点から考えてみます。

現役時代の資産形成では、「退職に向けてリスク性資産の構成比を引き下げるべき」とのアドバイスは多く聞かれることだろうと思います。

既に紹介していますが、リスク性資産比率を「100－年齢」で設定すれば、65歳の定年時で35％のリスク性資産比率が理想ということになります。私は、あまりこの比率にこだわる必要はないと思っていますが、考え方を理解するために、ここではこのまま35％のリスク性資産比率、すなわち65％の預金比率を想定したとして話を進めることにします。

例えば、金融資産３０００万円を保有して退職を迎えたとします。そのうち35％に相当する１０５０万円が有価証券、65％の１９５０万円が預金となります。ちなみに１０５０万円の有価証券のうち、ＤＣ（確定拠出年金）で５５０万円、ＮＩＳＡ（少額投資非課税制度）で５００万円を作り上げることができたとします。

定年を迎えた65歳の時点で、現金による退職金が支給され、その額が２０００万円だったとします。さらに65歳の時に確定拠出年金を一時金で受け取ることにすると、５５０万円のＤＣ資産を現金で受け取ることになります。合計２５５０万円が退職所得となりますから、退職所得控除を活用しても若干の税金がかかるかもしれません。その金額はここでは無視することにします。

この２つの現金の受け取りで、資産構成はどうなるでしょうか。金融資産総額は、創り上げてきた金融資産３０００万円と退職金２０００万円で合計５０００万円となります。住宅ローンなどの返済は終わっているとすれば、それがそのまま退職後の生活資金となります。

65歳の段階での金融資産の構成比は、ＮＩＳＡにある有価証券５００万円で10％、預金４５００万円で90％です。リスク性資産比率は35％があるべき水準ですが、一気に10％に急落した状態となります。35％に戻すためには、退職金とともに金融資産の25％に相当する１２５０万円分の有価証券を購入して、有価証券保有額を1750万円に引き上げる必要が出てきます。

皆さんはそれができますか？

実は私も同じ状況で退職を迎え、企業型確定拠出年金（企業型DC）を一時金で受け取りました。本来なら、企業型DCの分だけでも有価証券にシフトさせるべきですが、それはなかなかできることではありませんでした。

私の場合には、企業型DCの一時金は2022年2月上旬に振り込まれました。その直後にウクライナ侵攻が勃発して、とてもまとまった資金で投資をするという決意ができませんでした。今思えばしまったといえるのでしょうが、そうしたときにはなかなか動けないものです。投資教育を長年伝えてきた私でさえ、そんな状況ですから、これを実行できる人はなかなか少ないのではないでしょうか。

もちろん、その資金を数回に分けて時間分散で有価証券に変える「分割投資」をするべきではないか、との指摘もあるでしょう。ただ、その一方で生活資金のために取り崩しを始めるのですから、一方で有価証券を買って、その一方で売ることになりこれも変なものです。

その代わりに行える方法が、**運用資産の取り崩しはできるだけ遅らせて、まずは預金からの取り崩しを優先させる**という考え方です。

図表35にリスク性資産比率のグラフを書いてみましたが、預金からの取り崩しを優先させるという意味がわかりやすいのではないかと思います。企業型DCの一時金受取の資金だけでも徐々に生

図表35：預金から取り崩すことで徐々にリスク性資産比率を回復させるアイデア

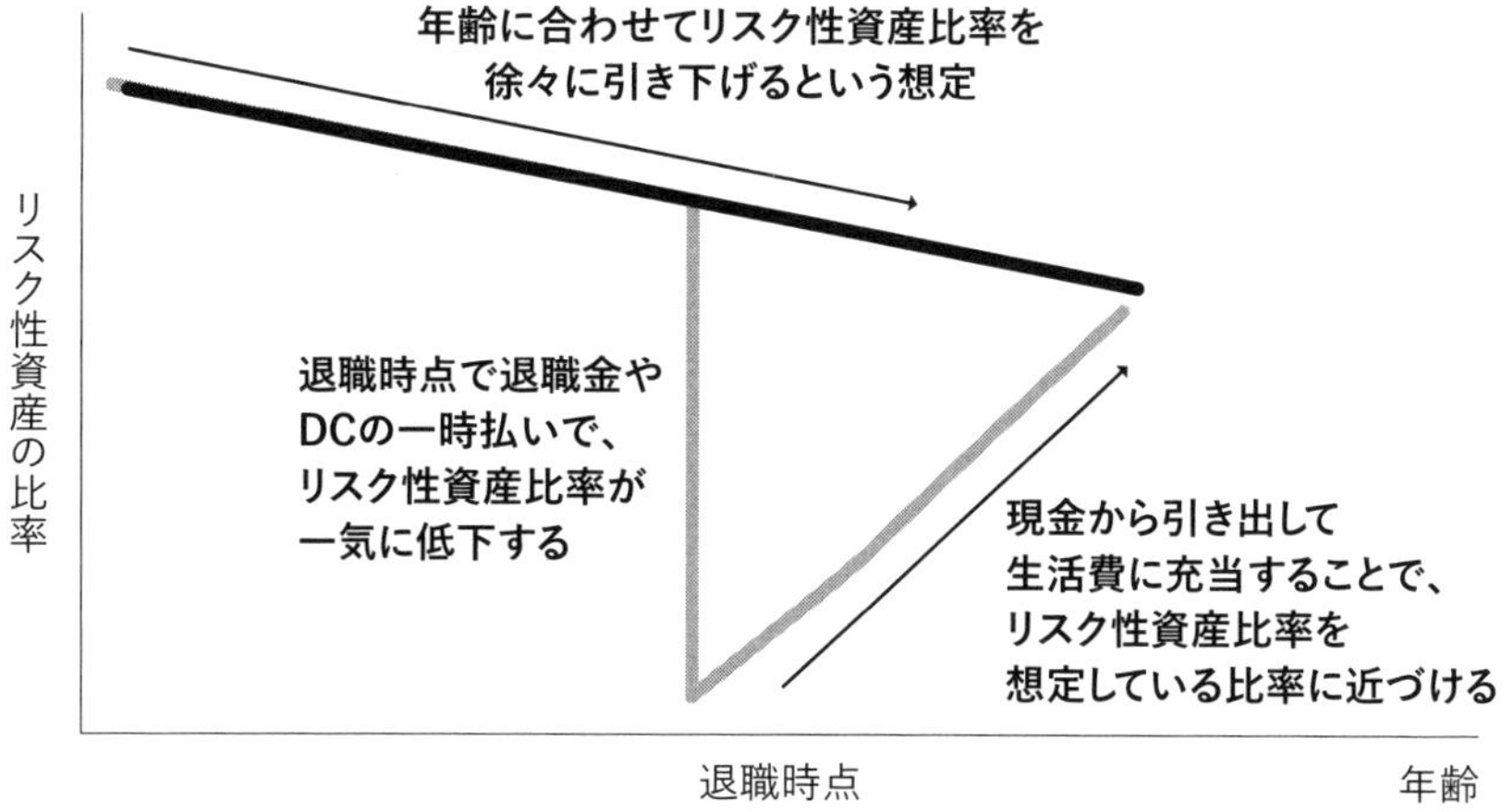
年齢に合わせてリスク性資産比率を
徐々に引き下げるという想定
リスク性資産の比率
退職時点で退職金や
DCの一時払いで、
リスク性資産比率が
一気に低下する
現金から引き出して
生活費に充当することで、
リスク性資産比率を
想定している比率に近づける
退職時点
年齢

（出所）合同会社フィンウェル研究所

活費の足しに使って、全体では徐々に有価証券比率を引き上げていくというアイデアです。

先の例でいえば、１２５０万円を優先的に取り崩していくとすれば、月額10万円、年間１２０万円で10年ほどの資金として使えることになります。

例えば、退職後の10年でこの資産を優先的に使い切ったとします。その時に、預金は３２５０万円まで減少し、有価証券５００万円は10年間で年率平均３％の運用成果をもたらしたとすると６７０万円ほどに増えています。75歳となるこの時、合計の金融資産は３９２０万円、有価証券比率は17％に高まっています。

ETFをバッファー資産にするアイデア

ところでバッファー資産を銀行預金とした場合に、「少しでも金利が付けばいいのに」と思うのは私だけではないと思います。

現状のゼロ金利下では望むべくもないですが、代替資産も想定できます。米国では、そのバッファー資産を株式に求めることもあるといわれています。単純に考えればハイリスクの代名詞である株式なのですが、長期投資に耐えうる優良な銘柄を長く保有することで、バッファー資産となりえるという考え方です。

図表31の「資産収入と資産残高の推移―アイデア②」の例でみれば、有価証券で使いながら運用する資産の想定される寿命を20年、65歳から85歳とすれば、バッファー資産はその間、取り崩すことのない資産ですから、かなりの長期投資を前提にできます。

有名な投資家ウォーレン・バフェット氏の投資は、配当を重視して、長期に保有するとした原則に沿っているといわれていますが、それをバッファー資産の運用と考えてみるわけです。またその投資では途中で配当を受け取ることができますから、それを生活費に充当すれば運用資産の取り崩し抑制にも寄与するというメリットもあります。

日本では、個別株式をバッファー資産にするという発想はちょっと難しいかもしれません。ただ、

図表36：資産収入と資産残高の推移—アイデア⑤

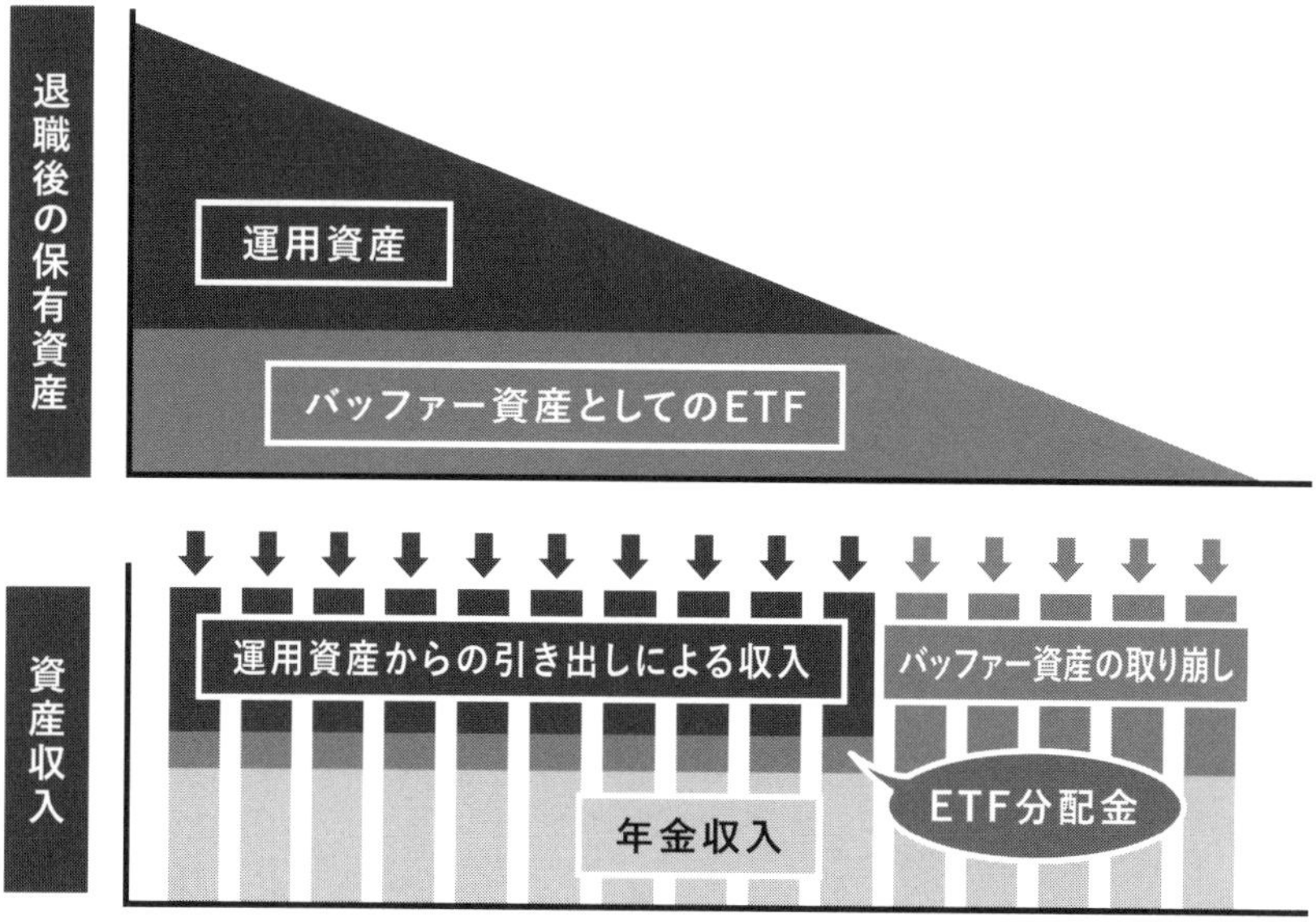

（注）あくまで想定をわかりやすく示したもので、将来を予想するものではありません。
（出所）合同会社フィンウェル研究所

株式ＥＴＦといった十分に分散された投資信託を、その代用として使うことはできるのではないかと考えます。

ＥＴＦとは、一般の投資信託のように小口の資金を集めて運用する投資信託ですが、証券取引所に上場していて株価指数などに連動するよう運用されています。東証株価指数などに連動する株式ＥＴＦなどがありますが、こうしたＥＴＦの分配金は組み入れ株式の配当金だけが対象となるため、投資元本は取り崩すことなく、元本を維持し続けることになります。もちろん変動はしますが、米国株に対する発想と同じアプローチというわけです。

運用資産が枯渇した際に、このＥＴＦを取り崩して生活に充当するという本来のバッファー資産の役割は全うすることができます。しかも長期間手を付けないでいるわけですから、その間にＥＴＦの資産が当初よりも増えている可能性もあります。これを示したのが図表36のアイデア⑤です。

もちろん、ここではすべてのバッファー資産をＥＴＦにしていることになっていますが、バッファー資産を預金とＥＴＦに分けるといったアイデアも検討に値します。

Column 5

日銀ＥＴＦを個人に簿価で譲渡してはどうか

日銀ＥＴＦの買付総額は37・6兆円

金融緩和政策の一環で日本銀行が２０１０年12月から進めてきた市場からのＥＴＦの買付総額は、２０２２年12月時点で37兆５５８６億円に達しました。時価は60兆円を超えているとの推計もありますから、その規模の大きさから売却したら市場にどんな影響が出るのかと懸念されています。

いわゆる「日銀の出口戦略」が注目されているわけですが、実際に市場放出されなくてもその思惑が言われるだけで、株価の下落要因として認識されてしまいます。

一方で、資産所得倍増プランでは「貯蓄から投資へ」が標榜されて、個人金融資産の積み上げが必須だとの認識は広く共有されています。とすれば、この日銀ETFを市場に放出させないで、個人の保有にシフトさせていく手段を考えてもいいはずです。その場合に、カギになるのは、日銀ETFを購入した個人が簡単に市場で売却できない制限を付けることです。日銀ETFが個人に譲渡された途端に市場で売却されてしまっては、日銀が直接市場で売却するのと変わりません。

そこで考えられるのが、保有した個人も市場への売却時期を分散せざるを得なくなる方法です。その一つが、日銀ETFを退職時点まで売却できないiDeCoの特別枠のような非課税口座で購入するというアイデアです。

もちろん、個人には簿価で売却すれば、既に相当の差益が出ている状態ですから、購入意欲は高いでしょう。しかし、市場への放出は購入した個人が65歳になるまで時間をかけることになります。若い人では30年、40年といった先の市場放出ですし、50代でも10－15年先の売却となります。購入者の年齢がバラバラですから、市場で売却される時期はかなり分散できることになります。

個人金融資産の5％に達するＩＳＡの前身ＰＥＰｓ

そこでちょっと英国の事例を紹介します。英国のＩＳＡ（Individual Savings Account、個人貯蓄口座）は日本のＮＩＳＡのコピー元であることはよく知られています。１９９９年に創設されたのですが、実はその前にあった2つの非課税口座を統合してスタートしたものです。87年に導入されたＰＥＰｓ（Personal Equity Plans、個人株式非課税口座）と、91年に導入されたＴＥＳＳＡ（Tax Exempt Special Savings Account、非課税特別貯蓄口座）です。そして、ＰＥＰｓが株式型ＩＳＡとして引き継がれました。

そのため有価証券だけが対象になっている日本のＮＩＳＡの本質的なコピー元はＰＥＰｓといってもいいでしょう。

１９７９年から90年まで英国の首相を務めたマーガレット・サッチャー氏の時代にＰＥＰｓは登場しています。サッチャー政権は70年代の高インフレ、高金利

図表37: ISAの残高と個人金融資産に占める比率

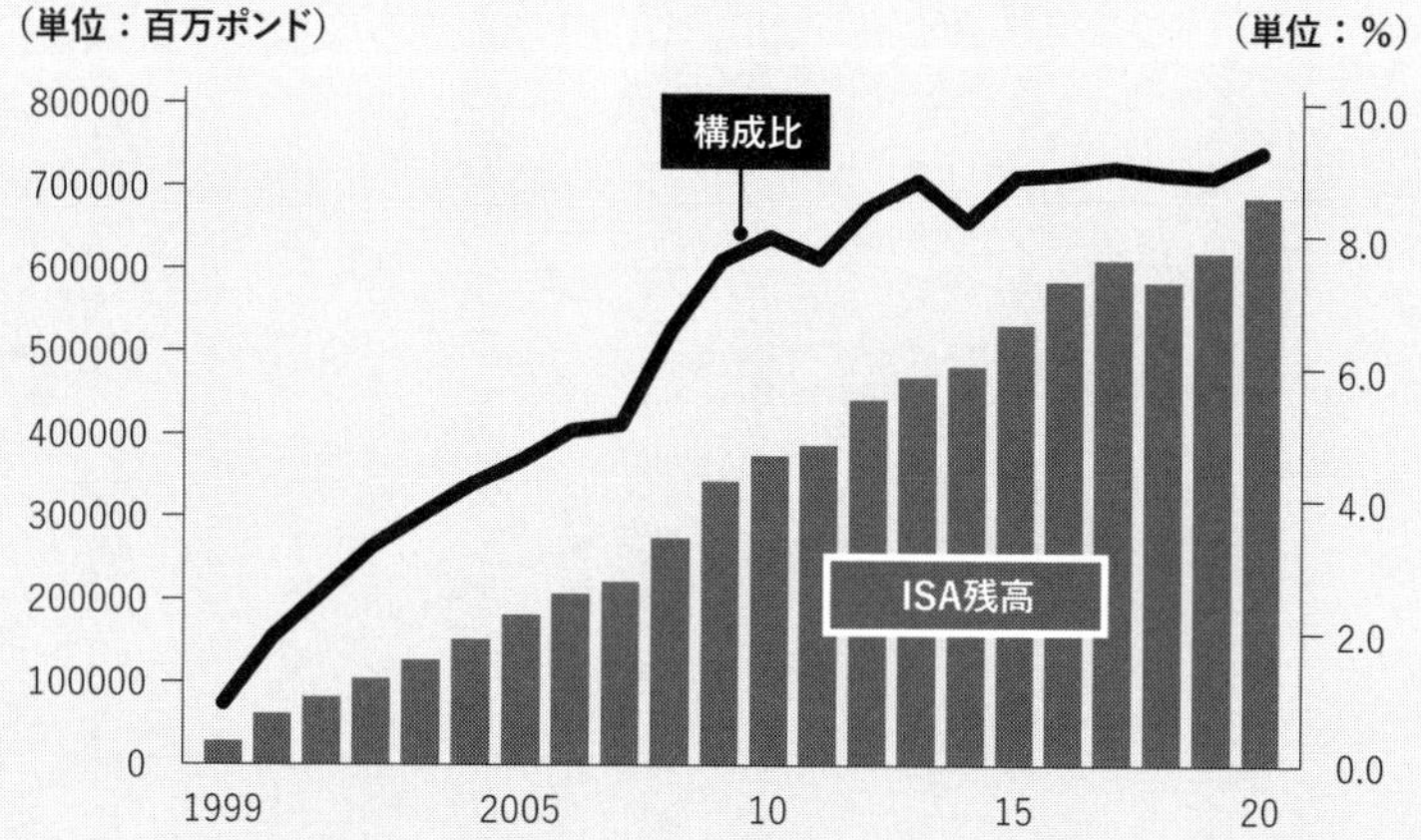

(出所)英国統計局データより合同会社フィンウェル研究所作成

による経済の停滞から抜け出すための施策として、多くの国営企業の民営化を実施しました。当時のローソン財務相が発表した86年予算教書で、ＰＥＰｓの趣旨は「小口の投資家、なかでもこれまで投資をしてこなかった人たちに投資を広げるもの」として位置付けられましたが、実質的には当時の民営化された国営企業の株を個人が購入するための受け皿として使われていました。

１９８７年10月のブラックマンデーなどの影響もあってスタート当初は順調とはいえませんでしたが、その後の制度改正もあって、徐々に口座数は伸びていきました。87年12月末27万口座、残高４・４億ポンドでスタートした後、89年の改正を経て90年時点で26億ポンドに増加、さらにＩＳＡへの移管となる99年までにその残高は９１９・２億ポンドに達しました。当時の為替レートに近い１ポンド＝１８５円で換算すると17兆円です。ちなみに、現在の日本のＮＩＳＡの残高は13・２兆円（22年12月末）ですから、既に99年時点で日本の規模を上回っていたようです。

２０２１年４月５日現在の英ＩＳＡの資産残高は、株式型ＩＳＡが３９８７・４億ポンド、預金型ＩＳＡが２８７５・６億ポンド、ほかも合わせて合計で６８７０・８億ポンドです。ちなみに、株式型ＩＳＡの残高は個人金融資産の

５・４％を占める規模にまで拡大していますから、これを日本の個人金融資産で換算してみると、１００兆円を超える規模感です。

ＰＥＰｓが民営企業の株式の受け皿だったように、日銀ＥＴＦを個人の非課税口座で保有することが、個人の資産形成に役立つのであれば、一考に値するのではないかと思います。

第6章

資産活用層は新NISAをどう使う？

２０２４年には大幅に拡充された新ＮＩＳＡがスタートします。これはわれわれ資産活用世代にとっても大変意味のある制度改正ですから、それをどう使うかについて、ここでまとめておきたいと思います。

なお、新ＮＩＳＡ制度の詳細は、その専門書がたくさん出ていますので、そちらで学んでください。ここではある程度、新ＮＩＳＡの内容を知っていることを前提にしながら、ただこの本を読んだ後に専門書を読んでも理解できるように、書いていきたいと思っています。

1 新ＮＩＳＡに期待するのは資産形成の拡大

２０２２年11月に取りまとめられた「資産所得倍増プラン」は、岸田内閣の「新しい資本主義」の柱の一つです。そして「新しい資本主義」の特徴の一つが「英国の第3の道」といわれています。

英国では、サッチャー首相とメイジャー首相による保守党政権下（１９７９年から）の新自由主義のもとで、それまで沈滞していた経済を活性化させましたが、一方で格差や貧困などの問題が拡大しました。そのあと97年に誕生した労働党政権ではブレア首相が、保守党の政策ではなく、かつての労働党の大きな政府を志向するのでもなく、教育を重視した「第３の道」を標榜して英国を立て直しました。これが「資産所得倍増プラン」の前提である〝新しい資本主義〟の考え方と重なります。

注目されるのは、日本のNISAのもととなった英国のISA（個人貯蓄口座）がスタートしたのがちょうど「第3の道」の時代の99年だという点です。NISAの拡充が、新しい資本主義のもと、資産所得倍増プランに組み込まれたことに納得がいきます。

「新NISA」の6つの特徴とは

2024年から新NISAがスタートします。その特徴は、

①　制度が恒久化されます
②　非課税期間が無期限化されます
③　年間非課税上限額が引き上げられます（つみたてNISAが40万円から120万円に、一般NISAは120万円から240万円に）
④　つみたてNISAと一般NISAが統合されます
⑤　④によって、つみたてNISAと一般NISA両方の制度を同時に活用できるようになります（つみたてNISA分はつみたて投資枠、一般NISA分は成長投資枠と称する）
⑥　また生涯非課税上限が1800万円で新設されます

長らく求められてきた制度の改正が一気に進むことになり、２０１４年のＮＩＳＡ導入時期に望んでいた「あるべき姿」に匹敵するものになると私は喜んでいます。

もちろん資産活用層としての私には、生涯非課税枠として設定された１８００万円とか、スイッチングができないことには異論が残りますが、現役層が資産形成をしようとするための制度として考えるのであれば、非常にいい制度になると思います。これが日本の資産形成に一役買ってくれることを心から期待しています。

小さな樽を貯蔵するのではなく、大きな樽で貯め込むスタイルに

改めて今回の改正のなかで私が一番重要だと思っているのが、「非課税投資期間の無期限化」です。というのも非課税期間が設定されていたことで、これまでのＮＩＳＡは資産形成のために投資を継続するという視点で力強さに欠けていたからです。

２０１４年に始まった一般ＮＩＳＡの累計買付額は22年までの9年間で27・２兆円に上りますが、累計の売却額（受取配当金も含みます、以下同様）も19・８兆円に達し、２０２２年末の残高はこの間の相場の上昇を考慮しても10・６兆円を少し超えたところに留まっています。

特に22年だけを見ると、年間買付額３・１兆円強に対して売却額が２・９兆円強ですから、ほぼ売り買いが拮抗しているというわけです。コロナ禍の影響があって、一度、利益確定しておこうと

図表38：NISAの売買動向

（単位：億円）

	2022年 年間買付額	制度創設 以来の 累計買付額	2022年 年間売却額 （受取配当 金を含む）	制度創設以来の 累計売却額 （受取配当金 含む）	2022年 年末残高
つみたて NISA	13,226.3	28,516.9	944.87	2,354.6	26,163.3
一般 NISA	31,465.0	271,640.2	29,344.7	198,312.1	105,782.8
合計	44,691.4	300,157.1	30,289.5	200,666.7	131,946.1

（出所）金融庁ホームページのNISAデータより合同会社フィンウェル研究所作成

考えたのかもしれませんが、非課税投資期間5年といった短さでは長期投資の基本が取りにくいことも背景にあるのかもしれません。

5年が短いとすれば、2018年にスタートしたつみたてNISAは非課税期間が20年と長く、積立投資を前提にしていることから、そこまで売りが膨らまないはずです。

しかし22年の年間売却額は944・7億円と買付額の7・1％に相当していました。

たとえ非課税投資期間が20年と長くても、そして積立投資を前提にしたつみたてNISAであっても、なぜか売りの意識が強くなっています。

そうした売却が増えている背景には、20年と長いとはいえ非課税期間が設定されていることがあるように思います。

非課税期間が設定されていることで、各年の投資が「●●年枠」と称されて一つひとつを別々に考えやす

図表39：毎年の樽を作ることから大きな樽で運用することに変化

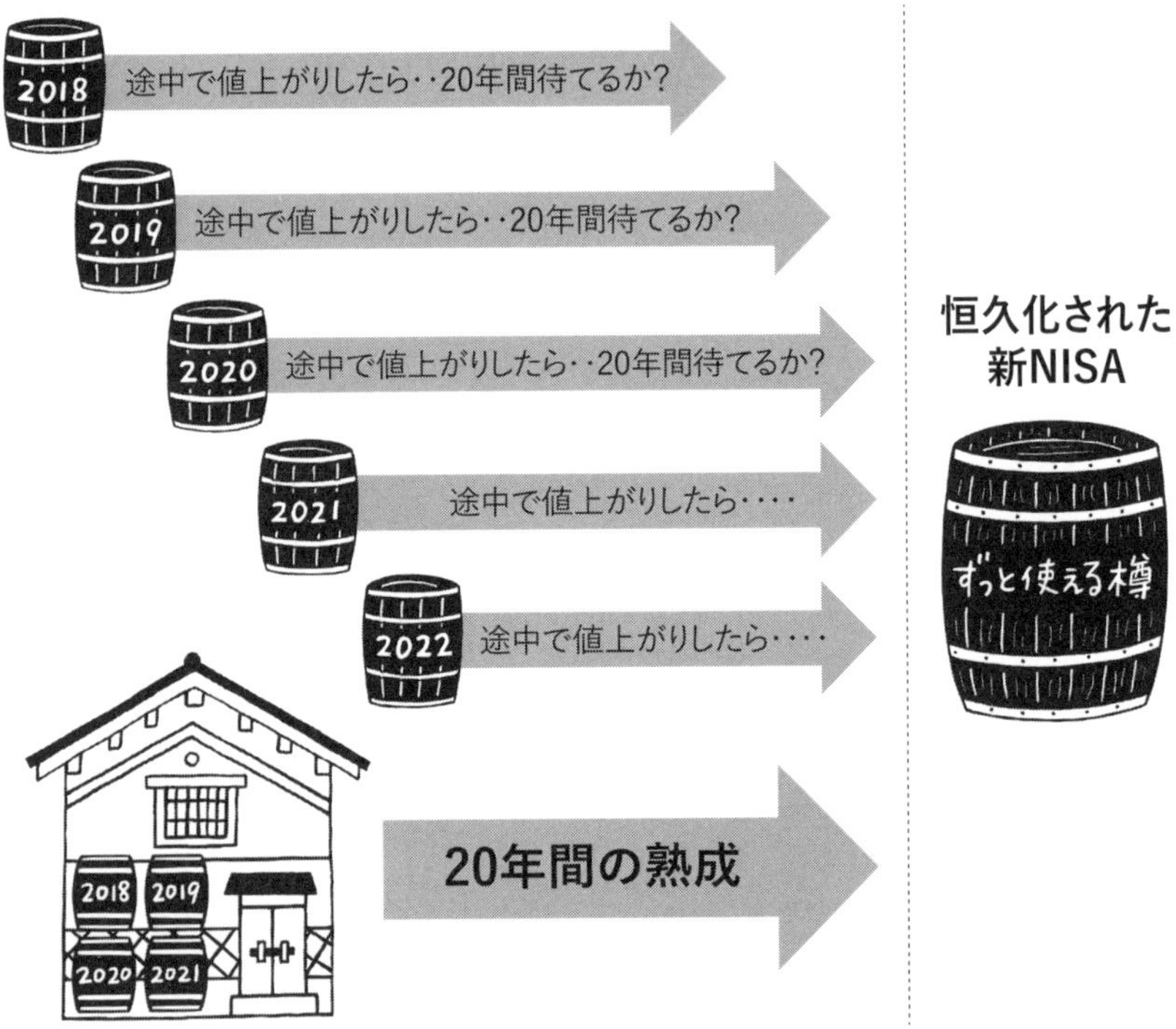

（注）イメージを理解するための資料
（出所）合同会社フィンウェル研究所

くなります。例えば、1年ごとに詰めるウイスキーの樽のようなイメージになっていることで、値上がりするとその樽ごとに売却してもいいかなというマインドセットになっているのではないでしょうか。

そもそもつみたてNISAのイメージは毎年の樽を蔵に20年間貯蔵して熟成させることにあったのですが、蔵に鍵をかけていてもその鍵を持っているのが自分なので、その間にどこかで値上がりしたら利益確定したいという衝動に駆られると鍵を開けてしまうことになるわけです。

新NISAは、一般NISAでもつみたてNISAでも非課税期間を無期限化したことで、まず「●●年枠」という樽がなくなります。ずっと使える大きな樽（その容量は1800万円）に毎月、毎年、投資資金を貯め込んでいくことから、すべての投資資金が混ざり合って（購入単価が平準化されて）、本当の意味で積立投資のコスト平準化の効果が出てくることになります。

2 資産活用層にとってのNISA拡充の意味

新NISAは資産形成を支援する制度としては、とても素晴らしい制度になったと思います。若い人はこれを使わない手はないと思います。

図表40：資産形成層向けに特徴が集中する新NISA

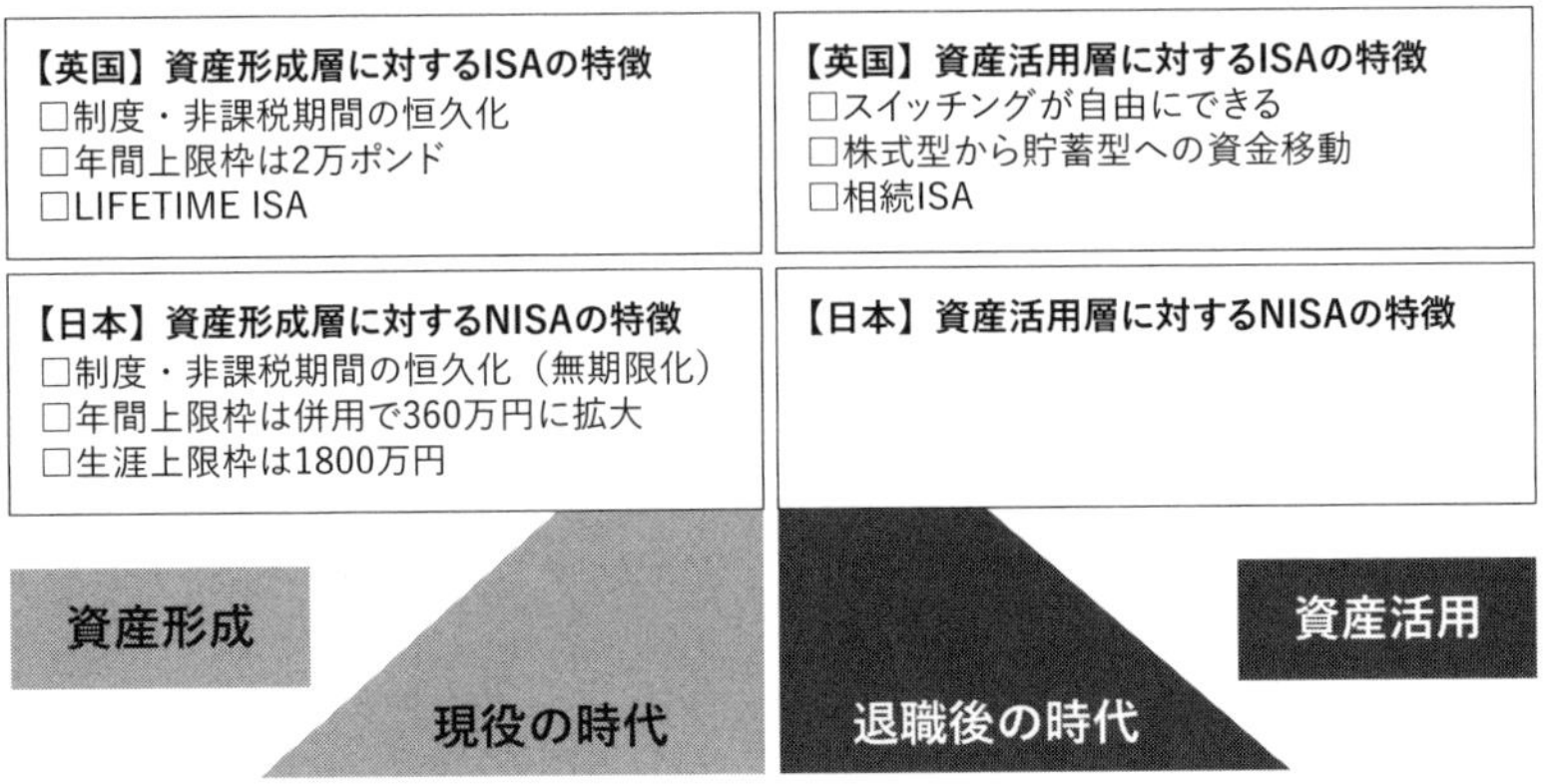

【英国】資産形成層に対するISAの特徴
□制度・非課税期間の恒久化
□年間上限枠は2万ポンド
□LIFETIME ISA
【英国】資産活用層に対するISAの特徴
□スイッチングが自由にできる
□株式型から貯蓄型への資金移動
□相続ISA
【日本】資産形成層に対するNISAの特徴
□制度・非課税期間の恒久化（無期限化）
□年間上限枠は併用で360万円に拡大
□生涯上限枠は1800万円
【日本】資産活用層に対するNISAの特徴
資産形成
現役の時代
退職後の時代
資産活用

（出所）合同会社フィンウェル研究所

しかし、60代からの資産活用層の目線で見ると、あまり大きな評価点が見つかりません。もちろん制度の恒久化と非課税期間の無期限化は、資産活用層にも十分大きなメリットですが、ここ10年ほどの英国のＩＳＡ制度の改正を見ていると、資産活用層に対する配慮が多く見受けられます。せっかくこのタイミングで改正したのですから、英国をみならってもう少し資産活用層のメリットを考えても良かったのではないでしょうか。

「生涯上限額1800万円」は英国にはない

具体的に4つほど改善点があるように思います。それを英国にあって日本にないものとしてみていきます。

1つ目は、自助努力の成果としての「夢」です。

今回の制度で新たに登場したのが生涯非課税投資枠の考え方です（大綱では、特定非課税管理勘定基準額（取得対価）と特定累積投資勘定基準額（購入代価）の累計合計額とされています）。

これまでの制度では年間非課税上限枠は一般ＮＩＳＡが１２０万円で、つみたてＮＩＳＡが40万円、それぞれ非課税期間が5年と20年なので、その期間に毎年満額の投資を続けると、投資元本は最大６００万円と８００万円になる計算です。

これまでは併用ができなかったので、どちらかだけになることから、現状は家計調査の30代平均貯蓄額７７４万円とほぼ同じ金額に留まっていたわけです。

新制度では2つの型を併用でき、生涯非課税投資枠は引き上げられて合計で１８００万円となりました。ただし、特定非課税管理勘定基準額（成長投資枠のこと）には別に１２００万円という上限がありますから、従来の一般ＮＩＳＡに相当する分には１２００万円の上限ができます。一方で、つみたて投資枠には別に上限はありませんので、最大１８００万円までつみたて投資枠として投資をすることができます。そのため現行との比較で見るとかなり大幅な拡充といえます。

ただ、この１８００万円は資産活用層にとって十分な規模でしょうか。つみたて投資枠を使って年間１２０万円（月10万円）の上限額で投資をすると15年でいっぱいになります。

「月10万円の投資をする人はそんなにいない」との反論もあるでしょうが、それなら年間非課税枠を１２０万円にする必要はありません。その可能性があるから（例えば50代とか）設定したのであれば、15年、20年でいっぱいになる生涯上限枠は足かせになりかねません。

また後述しますが、私のように既に一般ＮＩＳＡを２０１４年から続けている世代については、（５年の非課税期間をロールオーバーして）19年の非課税投資をした資金を、この新ＮＩＳＡでそのまま活用したいと思うはずです。新ＮＩＳＡでは投資商品の移管ができませんので一回ずつ現金化して再投資する手間がかかりますが、それでもこの10年間の運用で投資枠いっぱいに投資していれば、２００万円を超える資金ができあがっているのではないでしょうか。そうなると、年間３６０万円の投資枠が埋まることになりそうです。５年あれば１８００万円の生涯上限額に達してしまうかもしれません。

そもそも英国のＩＳＡにはこうした上限はなく、年間上限2万ポンド（３３４万円）×無期限非課税期間＝青天井の形です。これが後述の通り、〝ＩＳＡの口座で１００万ポンド以上の資産を作った成功者〟、ＩＳＡミリオネアを多く生む背景でもあります。

また生涯非課税投資枠の考え方は、英国におけるＤＣ（確定拠出年金）やＳＩＰＰｓ（自己投資型個人年金）等の個人が加入する年金制度に導入されているもので、筆者も何度かＮＩＳＡの改善案として提案してきたものでした（参考：『脱老後難民「英国流」資産形成アイデアに学ぶ』野尻哲史、日本経済新聞出版、58ページ）。

ただ、その時の議論は非課税期間を恒久化することが最大の課題だったことから、「非課税期間を恒久化しても投資総額に上限を設定すれば、〝金持ち優遇批判を解消する〟代替案となる」として紹介したものでした。

ちなみに、英国の企業年金における上限額は現在107万3100ポンドですから、円換算すると1億8000万円弱です。これは相当高い上限ですし、現役世代のビジネスパーソンからすれば上限がないに等しいといいえます。しかもこの上限は、2023年の春に財務相が発表した改革案では撤廃する方向です。

制度が恒久化され、非課税期間が無期限となった段階では、生涯非課税投資枠が「金持ち優遇」批判を回避する手段だと考えるのは、ちょっと違和感があります。

本来は保有する資産を一気に非課税投資に回せないように年間の投資上限を抑制することこそが、「金持ち優遇」を抑える施策だと思います。生涯非課税投資枠に「金持ち優遇の排除」という理由を重ねると、これから「金持ちになっていこうとする」人までも排除しかねないと懸念します。その視点で見ると、1800万円は低い上限に映ります。

Column 6

ISAミリオネア
——英国にあって日本にないもの

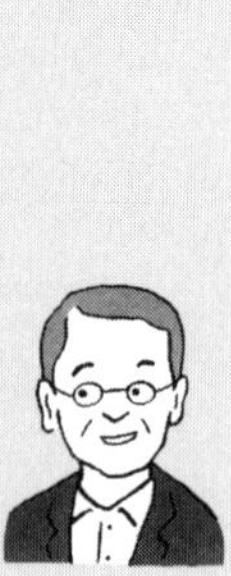

英ISAで資産2億円以上の億万長者が登場

2022年後半、英国では「ISAミリオネア（億万長者）」に関するニュースが流れました。英国税当局に対する情報開示請求でもたらされた情報ですが、その額の大きさに彼我の差を痛感します。

22年9月2日付のIFA Magazineのオンライン Newsletterによると、InvestingReviews.co.ukが情報開示請求をもとに公表した数字では、「ISA口座の資産が100万ポンドを超えた投資家は1480人」とのこと。1480人の億万長者の1人当たりISA資産額は151・3万ポンド（1ポンド＝167円で2億5267万円）、総額で22・39億ポンド（同3739億円）になります。さらに400万ポンド以上の投資家が40人で、その平均資産額は792・1万ポンド（同13億2281万円）。

英国の株式型ISAの総資産額は、21年4月5日現在で3987・4億ポンド

図表41: 英国におけるISA　ミリオネアの存在

<table>
<tr><th></th><th colspan="2">前年</th><th colspan="2">直近</th></tr>
<tr><th>資産額帯</th><th>人数</th><th>平均金額</th><th>人数</th><th>平均金額</th></tr>
<tr><td>100万-200万ポンド未満</td><td>1870人</td><td>122.7万ポンド</td><td>1250人</td><td>126.9万ポンド</td></tr>
<tr><td>200万-300万ポンド未満</td><td>80人</td><td>236.6万ポンド</td><td>150人</td><td>241.7万ポンド</td></tr>
<tr><td>300万-400万ポンド未満</td><td rowspan="2">60人</td><td rowspan="2">619.9万ポンド</td><td>50人</td><td>343.0万ポンド</td></tr>
<tr><td>400万ポンド以上</td><td>40人</td><td>792.1万ポンド</td></tr>
<tr><td>合計、平均</td><td>2000人</td><td>141.2万ポンド</td><td>1480人</td><td>151.3万ポンド</td></tr>
<tr><td>総額</td><td></td><td>28.24億ポンド</td><td></td><td>22.39億ポンド</td></tr>
</table>

(注)合計人数は各項目の合計値に一致しないが、報道に記載されている人数を掲載。また報道には直近年と前年がいつかの記載がないが、英国ISAの残高データは2022年6月に公開されたのが2021年4月5日時点の時価総額なので、前年は2020年、直近は2021年と推定される。

(出所)IFA Magazine の Newsletter、https://ifamagazine.com/article/hmrc-there-are-520-fewer-isa-millionaires-after-a-year-of-stock-market-volatility/並びにInvestingReviewsのNewsletter、https://investingreviews.co.uk/blog/uk-has-2000-isa-millionaires/

（同66・6兆円）ですから、億万長者の総額はそのわずか0・6％弱の規模ですが、一個人として2億円以上の総額はかなり羨ましく思えます。

なお、相場のボラティリティが大きかったことから、億万長者の総人数は前年の2000人から1480人へと4分の3に大きく減ったとのことですが、1人当たりの資産額はこの1年で7％ほど増加しています。具体的な数字を報道から拾い出して表にしてみました（図表41）。

「スイッチングができない」という新NISAの弱点

日本にないものの2つ目は、スイッチングです。スイッチングとは、「新NISAのなかで、ある資産を売却して、別の資産を購入する」という一連の売買を行って、資産構成の入れ替えを行うことです。資産活用層にとってなぜこの機能が必要になるかといえば、加齢に伴ってリスク性資産の構成比を引き下げるといったことが求められる可能性があるからです。

もともと、スイッチングを認めないというのは、金融事業者が販売手数料を稼ぐために売買を繰り返して（いわゆる回転売買です）、その結果、投資家の損失だけが膨らむといった問題が多かったからです。しかし、新ＮＩＳＡではその販売手数料が既に0になっている、またはどんどん0に近くなっていることから、いくら回転売買をしても金融機関の儲けにつながりにくくなっています。その点は、これまでほど懸念する理由がありません。何とかこの点は次回の改正で使いやすくしてほしいものです。

今回の改正で生涯上限枠の復活が可能になったことから、ある程度スイッチングが可能だという指摘もあります。しかし私はちょっと違うと思います。

新ＮＩＳＡの生涯上限額１８００万円では、上限まで投資をしていても売却するとその分の枠が復活できる点が特徴として挙げられています。

例えば１８００万円分の投資を行っていた人が、時価が２０００万円になっているときに、家を購入する際の頭金として５００万円分を売却したとします。その際に、簿価分に相当する４５０万円が売却されたこととして、生涯上限額に４５０万円分の空き枠ができるルールです。

そのため、翌年以降にその分を追加投資することができるようになります。一度、住宅の頭金に４５０万円を使ったとしても、その分を翌年以降に退職後の生活用資金の積立に使えるというわけです。これは若年層にとっては有効でしょう。

ただ資産活用層にとっては、一度売却して買い戻すのが翌年以降となるという売買のタイミングに空白期間ができるのはとても使いやすいとはいえません。とてもスイッチングと呼ぶようなものではありません。やはり売買が一度に行えてこそ意味があります。

本場・英国では、夫の死後に妻がＩＳＡ口座の残高分を上乗せ

日本にはない３つ目のポイントは、高齢期の、配偶者間の資産の共有化という視点です。英国のＩＳＡはこの10年間に、口座保有者の高齢化を見据えて、その対策となる制度改正を数々行ってきました。日本の方が高齢化比率は高く、実際にＮＩＳＡの口座保有者には高齢者が多いという現実に、あまり配慮されないままに、ＮＩＳＡの改正が行われたように感じます。

英国には相続ＩＳＡが導入されています。英国の相続ＩＳＡは「配偶者が亡くなった際に、残された配偶者に亡くなった方の非課税口座にあった資産の運用を継続してもらおう」という考え方です。

英国のＩＳＡや日本のＮＩＳＡの最大の特徴は個人で口座を開設できることです。これによって配偶者が別々に退職後の資産形成ができる点がメリットとして挙げられます。しかし、退職後の生活に入ってからは、別々の口座であることが足かせになる場合もあります。

例えば、現役時代にそれぞれがＮＩＳＡ口座を保有しているとしても、収入が違ってそれぞれに口座残高が大きく違ってしまうこともあります。夫が主な働き手であった場合には、ＮＩＳＡ口座の残高は夫の方が多くなる可能性が高いでしょう。二人で退職後の生活をしているときは、どちらの口座から資金を引き出しても夫婦で使うことなので問題はありません。

しかし、一般に寿命の短い夫の方が先に亡くなってしまうと、その口座にある有価証券は相続資産として、妻や子どもに相続されることになります。

本来であれば、退職後は個別の名義よりも夫婦の名義で運用される方が、一方が亡くなった場合でも融通が利きやすいものです。そこで相続ＩＳＡの考え方は、例えば夫が亡くなった際にはその口座の保有残高に相当する金額を、残された妻の翌年の拠出額に一時的に上乗せするというアイデアです。

日本に置き換えて考えると、１０００万円の口座残高をＮＩＳＡに残して夫が亡くなると、妻はその翌年だけ通常の上限額３６０万円に１０００万円を加えた１３６０万円を非課税で投資できるという仕組みです。この方法は、相続税には触れないように設計されたところが上手な点で、現役時代は個別に口座を運用でき、退職後は実質的に夫婦が一体で運用ができるように配慮したものといってもいいでしょう。

英国での好例があるのですから、日本でもそうした配慮が盛り込まれるといいのにと思います。

４つ目の日本にない点は、資産の移管です。既に一般ＮＩＳＡやつみたてＮＩＳＡを行っている人は多いと思います。特に一般ＮＩＳＡはその口座保有者の大半が高齢者だと指摘されていますから、現在のＮＩＳＡ口座から資金が新ＮＩＳＡに移管できないことはかなりのデメリットです。

新しいＮＩＳＡのシステム構築がより簡単になるように現在のシステムとの連動を排除して、全く別のシステムとして作り上げるしか手がなかったと聞いています。新制度の早期のスタートのためには仕方がないとはいえ、ちょっと不便だという感覚は否めません。

もちろんそれが資産形成層の方にはメリットだといわれる面もあります。非課税期間が20年のつみたてＮＩＳＡで資産形成をされている人は、その口座にある資産はそのまま残りの年数を非課税で運用できます。その上に新ＮＩＳＡでの口座開設も可能ですから、これだと主役の新ＮＩＳＡのほかにサブの非課税口座（現在のつみたてＮＩＳＡ）を持っているような感じでしょうから、メリットと感じるかもしれません。

ただ、現在の高齢層では、つみたてＮＩＳＡではなく、一般ＮＩＳＡを主に使っている人が多いはずです。一般ＮＩＳＡの場合にも同様にサブの口座を持つというイメージはありますが、その非課税期間が5年ですからあまりメリットは感じにくいのではないでしょうか。それよりも現在のＮＩＳＡ口座で保有している有価証券を一度売却して、新しい口座で購入し直すという手間が必要になります。そのデメリットの方が大きそうです。

なお、現在ＮＩＳＡ口座を保有している人は、自動的に新しいＮＩＳＡ口座の開設手続きが行われるとのことです。これはうれしい点です。ただ、取り扱う金融機関を変更したい、特に手数料などを考慮してより効率的に資産運用ができるようにと考えて、別な金融機関に口座を開設しようとすると、現在の口座を閉鎖する手続きが必要で、また新しい口座の開設手続きも必要になることから、さらに手間がかかります。ちょっとその手間にたじろぎますね。

3 私は新NISAをどう使うか

資産運用を継続するために必要な作業であれば、口座開設手続きだって、売却・再投資だってやらないわけにはいきません。そこで、私の場合にはどうするつもりなのかを、今わかる範囲でまとめてみたいと思います。もちろんこれからの状況次第では変わることもあるかもしれませんが、参考にしていただければ幸いです。

私は、2014年にオンライン証券会社で一般NISA口座を開設しています。14年当時は年間投資額の上限が100万円でしたが、満額投資をし、5年後にロールオーバーして10年が経過しています。

その口座の残高がどれくらいになっているのかは、あまり気にしたことはありませんでしたが、この本を書くにあたって調べてみました。2014年枠（ロールオーバーして19年枠）は口数で管理されていますが、それに基準価額を掛けることで計算しますから、年末の基準価額次第ということになります。とはいえ、現段階では230万円程度になっていますから、十分に儲かっています。

販売手数料がかかるなら金融機関を変える

これが2023年末にNISA口座から払い出されます。そのまま課税口座で運用することは可能ですが、私は現金化して、新NISAで同じ投資信託を買い付けようと考えています。手間はかかりますが、手作業による移管ですね。

問題はその段階で、販売手数料がかかるかどうかです。これは金融機関ごとに違ってきますから、事前に絶対確認しておく必要があります。幸いにも現在使っているオンライン証券は、投資信託であれば販売手数料はかからないということでしたので、変えないで済みそうです。

ただ、ETFは株式と同様の扱いになるとして、販売手数料がかかるとのことですから、成長投資枠で何を保有するかにかかってきます。もう少し検討して最終的に金融機関を変えることにするかどうか決めることにします。

金融機関を変えるとなると、NISA口座の閉鎖手続きと新規開設の手続きを自分で行わなければならなくなります。さらにできるだけ金融資産は一つの金融機関で管理したいと思っていますから、課税口座にあるほかの有価証券も新しくNISA口座を作った金融機関に移管させることにしたいと思います。そのためには移管のコストもかかってくるでしょう。

ちなみにその際の手数料も確認しましたが、1銘柄につき3300円（税込み）で金額の上限はないそうです。

一般NISA分は成長投資枠へ、つみたてNISA枠は新規で

そのまま現在のオンライン証券で新NISA口座を開設する場合には、現在一般NISAで保有している投資信託を一度売却して新口座で買い戻すことになります。

一般NISAから払い出す際には非課税ですので、ここで税金がかかる心配はありません。10年前の100万円が10年間の運用で230万円になっているとして、成長投資枠の残りは10万円となります。この10万円は現在保有している預金から出します。さらにつみたて投資枠は対象商品を10万円ずつ毎月分割投資して、こちらは120万円の枠をすべて使います。

さて、残った現在の一般NISAの資産は、あと4年間はそのまま現在の一般NISAの口座で非課税投資を続けることができますが、それぞれに年末になった段階で、払い出すことにして、翌年早々に新NISAに手動の移管作業を行い続けることになります。この作業を70歳になる年まで続けなければなりません。そしてその結果、投資総額は1800万円となり、生涯投資上限枠を使い切ることになります。

次の課題は何歳くらいから、この運用資金を取り崩すことにするのかです。考えなければなりませんね。

第7章

生活スタイルと資産活用

1 生活スタイルと資産の取り崩し

資産の取り崩しの方法やその組み合わせは本当に多種多様になります。ここまでいろいろアイデアを提示してきましたが、自分に合った取り崩し方法を探そうとなると、なかなか簡単ではありません。そこで、自分が退職後に過ごしたい生活スタイルを考えて、それと資産の取り崩し方を組み合わせて考えるアプローチを整理してみたいと思います。

生活のスタイルを考えるときには、多くの方の思いは、退職したとはいっても「できる限りアクティブに過ごしたい」ことでしょう。

ただ、そこには**2つの制約条件**が出てきます。**いつまで健康でいられるかという条件と、いつまで資産が持つかという条件**です。

健康寿命と資産寿命の2つといってもいいかもしれません。どちらも最近注目されている言葉ですが、この2つをどう想定するかで生活スタイルが変わってくることになるでしょう。

「前半」を厚くするか、「後半」を重視するか

ここからは2つのシナリオが考えられます。

まずは、**健康寿命と呼ばれる年齢くらいまで、すなわち退職後の生活の前半は楽しく過ごすことを念頭に資産を厚めに割り振る考え方**です。「せっかくの人生なんだから、楽しめるときに資産を使わなければ資産形成してきた意味がない」と考えるパターンです。ここでは、この前半と後半の資産の割り振りを「資産の期間配分」と呼ぶことにします。

もう1つは、**体が弱った時期の資金、例えば介護にかかる費用、家のリフォーム費用、有料老人ホームの入居や生活費用を想定するとその資金を十分に残しておきたいと考えるパターン**です。さらに「こうしたコストが子どもの負担にならないようにしたい」との思いが強ければ、一層このパターンが念頭に残ることになります。こちらは、資産を後半に厚く残しておく期間配分といえます。

もちろんそもそも前半と後半の年数を考えると、後半の方が長い可能性がありますから、均等に分けても前半に厚く配分することになります。前半と後半を何歳で分けるかの指標も必要になります。

「人生100年時代なので100歳までの資産を確保したいが、健康寿命は70代半ばだ」と思うと、生活が厳しくなる年数は25年にもなります。

「健康上の問題で日常生活が制限されることなく生活できる期間」と設定された健康寿命を見てみましょう。2019年のデータですが、健康寿命は男性72・68歳、女性75・38歳でした。前半と後半の概念で見ると、65歳から75歳までは前半で、75歳以降は後半と考えることが考え方の1つでしょう。75歳からは後期高齢者とされて、医療費の自己負担率も低くなっていますから、まあ後期高齢者というのもそのあたりを想定しているのかもしれません。

一方、2021年の簡易生命表によると65歳の平均余命は男性で19・85年、女性で24・73年ですから、男性で85歳くらい、女性で90歳が平均余命による寿命と計算できます。これに前述の健康寿命を重ねると、65歳からの計算では、男性で20年ある残りの人生の8年が前半で、12年が後半という設定ができます。女性なら、10年が前半で15年が後半というわけです。どちらもちょうど2対3の割合になっています。人生100年時代を生きるとして計算するなら、35年の退職後人生のうち2対3で計算すると、79歳までの14年間が前半、80歳からの21年間が後半ということになります。

ただ、医療関係者に聞くと、高齢者の健康状態は極めて個人差が大きいといいます。厚生労働省の認知症対策総合研究事業の研究（2012年）の分析結果ですが、認知症の年齢別有病率は、85－89歳では約4割が認知症、約2割が軽度認知症だったとのことです。この2つの割合が高いという理解と合わせて、残り4割が特に問題はないという点を合わせると、80代後半になっても個人差が非常に大きいという点を理解しておくべきだと思います。

それに認知症の大半を占めるアルツハイマー型認知症は、徐々に進行することが知られていますので、その対応能力も急に可否が決まるものではなく、生活スタイルや資産の使い方を徐々に変えることが可能だと思います。

「65－80歳」「81－100歳」に分けて考える

「いつまでが前半で、いつからが後半か」がわかってから計画を立てることはできませんし、これに悩んでいても全く意味がないことです。その時になってみないとわからないことですから、想定して進むしかありません。

そこで**「2対3」のルールを前提として、前半を65－80歳の15年、後半を81歳から100歳までの20年に分けて準備をしていく**ことにします。結果として、第４章で説明した２段階のアプローチ、「使いながら運用する時代」と「使うだけの時代」に分けたアプローチと同じになります。

ちなみに、単純に計算すると、65歳で5000万円の金融資産があれば、前半用に2000万円、後半用に3000万円を残すのがちょうど年数ベースでは均等ということになります。

前半に厚くするかどうかの判断はこの水準との比較で考えるのがいいと思います。

2 資産収入の位置付けを考える

そもそも十分な資産がある方にとっては、運用するかどうか、どう使うかはあまり気になることではないでしょう。日本の制度ではそうした方でも公的年金は受け取れますし、医療費も最大でも3割負担で済む健康保険制度があります。

気になるのはある程度の資産はあるが、それで退職後の生活は大丈夫だろうかと気になる方です。その場合でも収入金額と生活費のバランスによっては、あまり気にしなくていい方もいらっしゃいます。

もう一度「退職後の生活費＝勤労収入＋年金収入＋資産収入」の等式で自分はどれくらいの資産収入を必要とするのかのめどを立ててみてください。その資産収入の35年分を計算して、退職年齢＝65歳時点の保有資産と比べます。

退職年齢がもっと遅いという方はその年齢で計算してください。また退職年齢よりも若い方はその年齢の想定保有資産を推計してみてください。

その資産が35年分の資金に足りないのであれば、

- 生活費を抑制する⇓地方都市移住のアイデアを再度検討する（第2章第3節）
- 勤労収入や年金収入を増やす⇓長く働くことを想定する（第2章第2節）、年金受給の繰り下げを検討する（第2章第4節）
- 資産収入を増やす⇓取り崩しのノウハウを活用する（この本の趣旨）

の方法があります。

資産収入を「所与」とするか、「対策の柱」とするか

退職後の生活費をカバーする3つの収入の1つとして資産収入を考えると、その水準に関しては2つの視点が見えてきます。「資産収入を所与として考える方法」と「資産収入を可変的に考える方法」です。

まず前者は、保有する資産を想定する年数（＝35年）で割って、年間の資産収入を安定的に想定する方法です。特に、資産運用を積極的にしたくないという思いが強い方の場合には、資産収入の足りない分は、生活費を削減する、勤労収入を引き上げる、年金収入を増やす、またはそれらを組み合わせるといった方法で対策を行うパターンとなります。

後者は、生活費を決めたうえで、勤労収入と年金収入がある程度見込まれてしまうと、資産収入がどれくらい必要かが見えてきます。それを賄うために今ある資産を単純に取り崩すだけでは足りないとなれば、資産を少しでも増やすまたは取り崩し方を工夫して持っている資産の潜在力を高めるといった対策が必要になります。

資産収入に対する心持ちとしては、生活水準を維持するために、できるだけ資産収入の拡大のために積極的な対応をしようという姿勢といえます。

「生活スタイル」と「資産収入に対する心持ち」から見えてくる指針

資産収入に対するこの姿勢を示すために、図表42のグラフでは横軸を使っています。資産収入が多いか少ないかという規模の基準ではなく、軸を左に行くほど年間の資産収入を「安定」的に想定するスタイル、または資産収入を所与にして生活を考えるスタイルです。一方、右に行くほど資産収入に対する「積極」的な対応、少しでも増やす工夫をしようとする姿勢といえます。「資産収入に対する心持ち」の軸といってもいいでしょう。

資産運用をしながら保有する資産からの取り崩しを少しでも増やそうと考えている人は、自分の資産収入に対する心持ちは右の方に向かいますし、逆にできるだけ安定的な資産の取り崩しを優先したいと考える人は左に向かうことになります。

退職後の生活スタイルに対する姿勢は、その生活を楽しむ姿勢と家族に迷惑をかけないようにと安定を望む姿勢の2つになることは説明しました。

とはいえ、実際にはどちらかだけというわけではないでしょう。そのバランスは人によって異なるだろうと思いますし、2つの中間だけど、若干楽しむ側に偏っているとか、退職後の人生の前半はかなり楽しむことに偏っているが、後半になると安定を望む方に偏るといった場合もあると思います。

この図表では、そうした生活スタイルに対する姿勢を縦軸に表しています。上に行くほど楽しみ

図表42：退職後の生活スタイルと資産収入に対する心持ちの類型

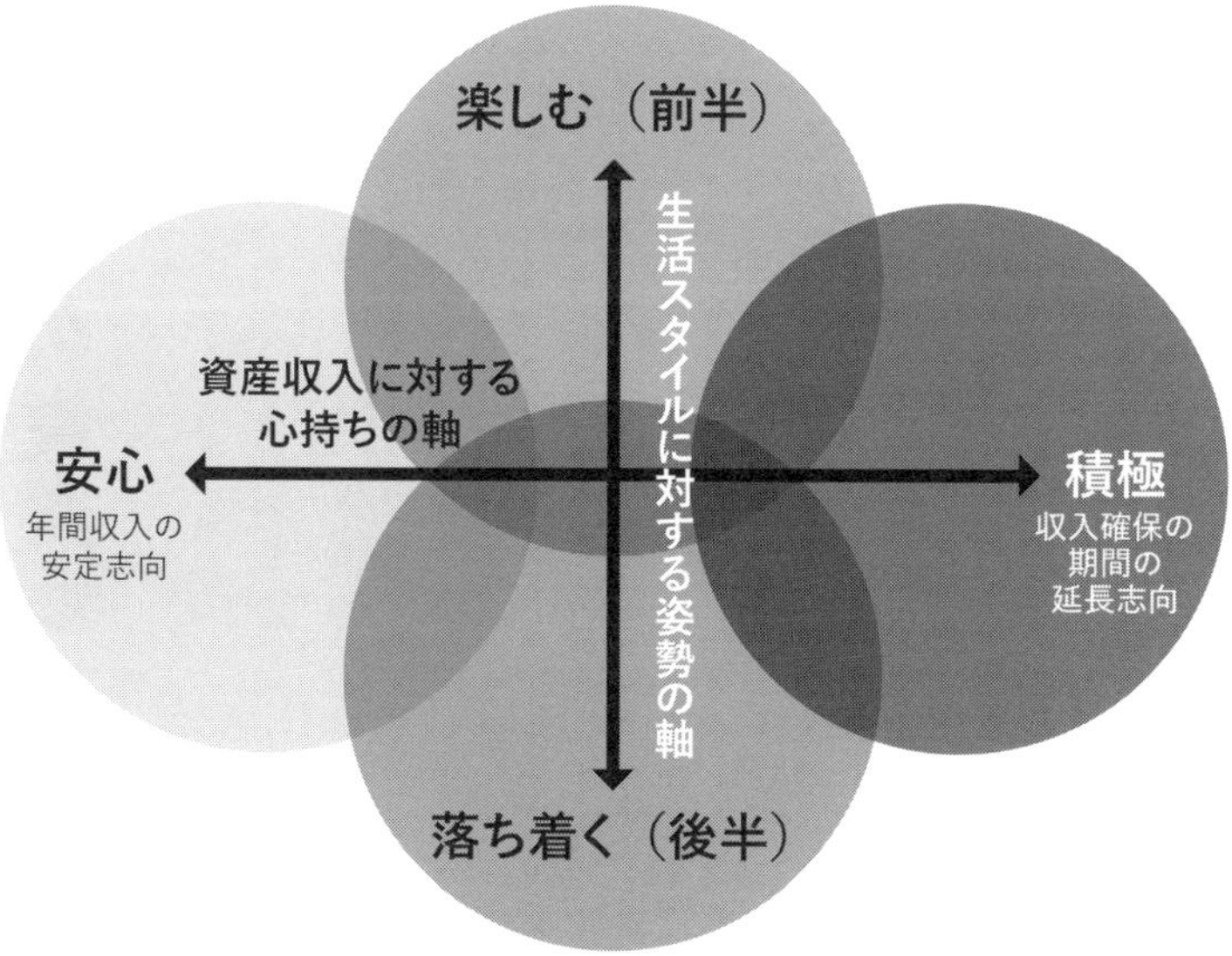

（出所）合同会社フィンウェル研究所

の比率が高くなり、下に行くほど厳格さを求める生活スタイルになります。

実際にはその中間のどこかに自分のポジションがあると思いますが、これが年齢によって上から下にシフトすることも考えられます。

例えば、退職後の生活の前半は「楽しむ姿勢」が強いけれども、後半は「落ち着いた生活を望む姿勢」が強くなるといった具合です。

3　4つの資産活用のスタイル分類

縦軸にある「生活スタイルに対する姿勢」と横軸にある「資産収入に対する心持ちの軸」で、資産活用スタイルを4つの象限に分類し、その特徴を示したのが図表43になります。これを「資産活用のスタイル分類」と呼ぶことにします。

ただ、正直なところまだこれでいいのか迷っている部分もありますので、試案といった段階でしょうか。それぞれ4つの象限の特徴を簡単にまとめてみますので、まずは読者ご自身がどこに該当するか考えてみてください。

①安心安定タイプ（左下のゾーン）：預金派・最高齢期の「安心で落ち着いた」生活を望む

左下のゾーンは、生活スタイルは落ち着いた生活、または質素な生活を想定して、資産収入も安定したパターンを想定する生活です。

このゾーンに入る人は、資産収入の原資となる資産が多くても無理な運用をしたいと思わない人、資産が少なめで運用まで回す余裕がないと考えている人が多いと思います。保有する資産を自分の

図表43：退職後の生活スタイルと資産収入に対する心持ちの類型（続き）

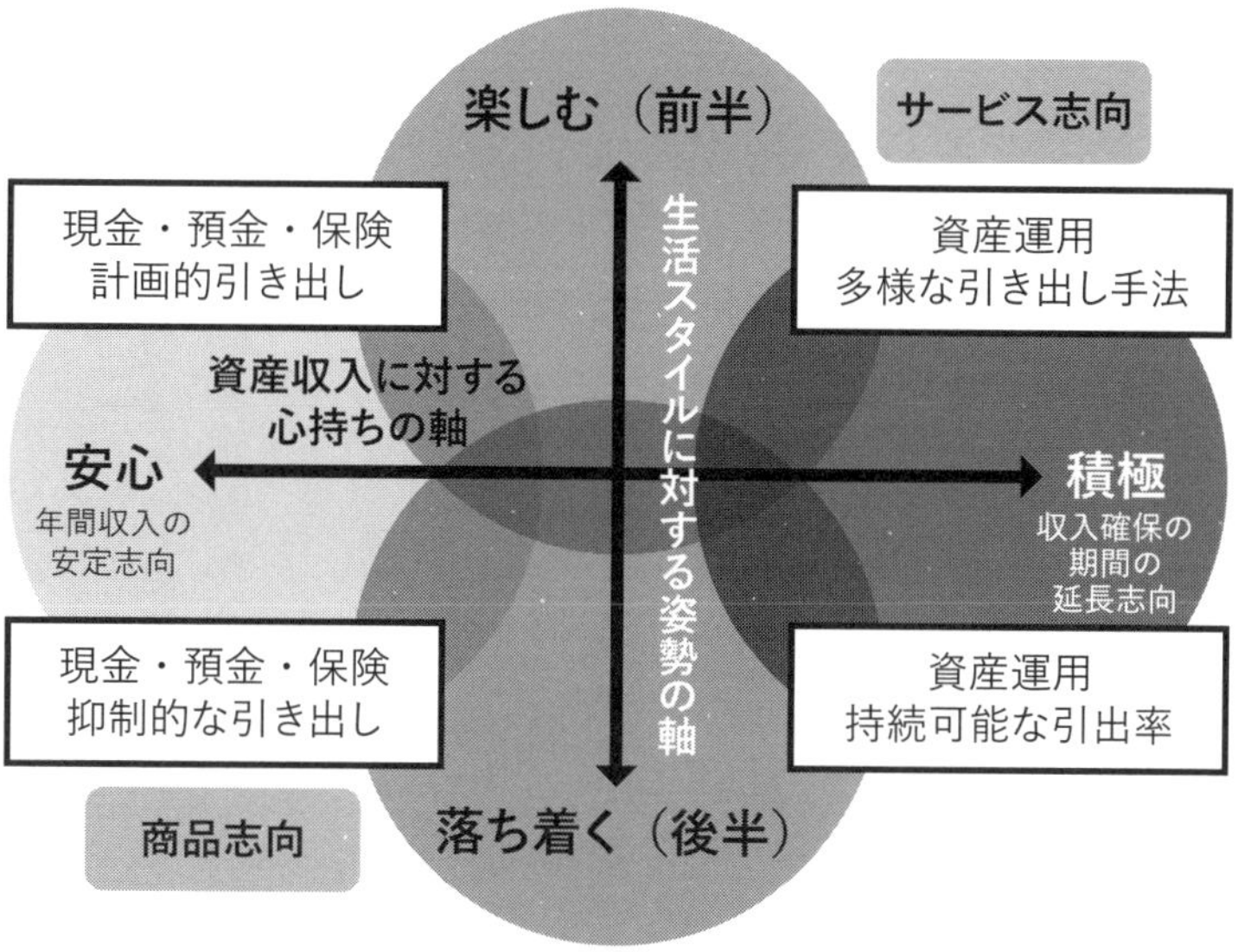

（出所）合同会社フィンウェル研究所

想定する退職後の生活年数で割って算出した資産収入をしっかりと守っていく堅実な生活パターンです。

資産寿命を延ばすには、生活費を削減して、少しでも長く働けるようにして、それに伴って年金の受給開始年齢を繰り下げて年金収入を少しでも増やす努力をするといった対策が可能になります。

年齢的に人生の最後半、例えば80代とか90代になれば、そもそも資産運用を続けることが難しくなりますので、残りの資産に合わせてこのゾーンに生活スタイルをシフトすることも多くなるのではないでしょうか。これまで紹介してきた退職後の2つのステージで考える際の「使うだけのステージ」は、まさしくこのゾーンになります。

②長生きリスク懸念タイプ（右下のゾーン）：落ち着いた生活を望むがそれでも心配

ある程度資産があっても生活は落ち着いたものにしたい、しかし長生きリスクも心配で、少しは資産寿命を延ばすために資産運用する方がいいと考える人は、意外に多いと思います。

その場合には、縦軸では下の方の落ち着いた生活スタイルを志向しますが、少しは運用をして資産を増やしていきたいと考える思いの強さに伴って、ポジションは横軸を右側にシフトすることになります。

その場合の「使いながら運用する」際の引き出しルールは、「持続可能な引出率」を想定したものになると考えます。資産運用を続けることで資産寿命はある程度延命できますが、「持続可能な引出率」による引き出しには、収益率配列のリスクが内包されています。そのリスクをより少なくするためには、引出率そのものをできるだけ低くしておくべきです。

またある程度の資産規模がある方にとっては、こうした使いながら運用する資産と万が一の時のためのバッファー資産を最初から設定することで、安心して過ごせるように想定しておくことも重要になります。

③ メリハリ重視タイプ（左上ゾーン）：運用は必要なく生活も楽しめる

左上のゾーンでは、資産収入は安定的に受け取りたいが、生活は楽しみたいという姿勢のポジションです。誰もが望んでいるシチュエーションですが、それが可能な程度に資産が豊富であることが重要となります。そのうえで、自身が生活を楽しむ時期と、ある程度生活を質素にする時期をあらかじめ決めておくようなメリハリが必要になります。

全体の資金を大きく2つに分けます。例えば退職後の人生の前半である65歳から80歳までの15年間の生活費を厚めに想定して、人生を楽しむ資金にします。残りは後半の生活資金です。退職後の当初は、体力や気力も十分で、旅行や趣味に時間と資金を割くことができますから、傾斜的に資金を使っていくわけです。

もちろん後半（80－100歳）に入ったときのためにあらかじめ資産を残しておきますが、前半よりも期間は長いにもかかわらず少なめになりますので、少し質素な生活にするといったことが必要になります。

また感覚的には退職後の人生の後半に入ったら左上のゾーンから左下のゾーンにシフトすると考えてもいいでしょう。また年齢的なものではなく、あらかじめ前半に使う資産を設定して、その資産が尽きたところで、ゾーンを切り替えて左下のゾーンにシフトするというのも合理的な考え方ではないでしょうか。

なお、例えば前半の楽しむ時代に必要な年間の資金額を想定して、その資金が100歳まで続いても心配ないという保有資産水準なら、こうした前半、後半のシフトなどはあまり考慮する必要はないでしょう。

④柔軟設計タイプ（右上ゾーン）：資産運用を続けながら生活の「柔軟性」を許容する

そもそも多くの人は、資産の引き出しに関してはできるだけ保守的に、できるだけ引き出さないようにしたいと考えているはずです。できれば資産運用なんかしたくない、はずです。そのため、図でいえば左下のゾーンにいるというのが普通です。

しかし、思った以上に長生きする可能性が高まり、退職後の人生で資産の枯渇を懸念するようになれば、対策としては資産運用の重要性が高まります。既にそうした発想から現役時代に資産形成を始めている人が増えています。

2023年の「60代6000人の声」アンケートでは、60代の38％が資産運用をしていると回答していますが、この数値は今後さらに高まると思います。退職する時点で、有価証券で資産を保有しているという人が普通になる時代が来るのではないでしょうか。そうした考え方や、実際に退職後も資産運用を継続する人は、資産収入の積極的な拡大を想定することになり、図では横軸を右側のゾーンへとシフトしていきます。

そのうえで、生活スタイルとして楽しむことをより重視すれば、それは縦軸を上に向かうことになります。資産運用を志向し、楽しむ生活を望むのならある程度、生活スタイルは柔軟に変更できる方がいいでしょう。

ここでは定率引き出しや予定率引き出しを想定することが重要になります。それは退職後の後半の人生に想定するだけの資産を残すことである程度の期間を心から楽しむことができるからです。

資産運用を継続するなかで、毎年の残高に対する「率」で引出額を設定すると、資産価値の変動によってその金額が変動しますから、それに合わせた柔軟な生活パターンの変動もある程度受け入れざるを得なくなるでしょう。資産運用がうまくいっているときには引出額が多くなりますから、想定以上に生活を楽しむことができる年がある一方で、運用成績によっては少し我慢をする年も出てくるかもしれません。

このゾーンを志向する場合には、資産運用のみならずその引き出し方法も多様なものが想定されるため、金融商品よりも、金融サービスを求める姿勢が強くなると思われます。このゾーンを志向する人にはアドバイザーの活用の余地が大きいと思います。

資産活用に対する考え方の変化はゾーンの移動で示す

さて改めて４つのゾーンを俯瞰すると、これは残りの資産額の水準、特に年間生活費に対する資産の水準と、体力や年齢といった肉体的なレベルで、各ゾーンを行き来することも可能になると考えています。

資産額が増えるようなイベント、例えば遺産を相続したといったことがあれば左下から左上にシフトするかもしれません。逆に加齢に伴って前半は左上だが、後半になれば左下のゾーンに移るといったこともあるでしょう。

また右上のゾーンで資産運用を続けながらその成果を十分に楽しむ生活を続けていても、人生の最後半になって資産運用を続けることができないと考えるようになれば、左上か左下のゾーンにシフトすることになります。後半に残せた資産額が大きければ後半も楽しむ人生を送れることになり左上にシフトし、計画通りにあとは安定的な生活を想定するのであれば左下のゾーンとなるでしょう。

また第4章で紹介した「資産活用」を2つのステージに分けるアイデアでは、「使いながら運用する時代」を右上の柔軟設計タイプで始めて、後半の「使うだけの時代」になれば左下の安心安定タイプへとシフトするといった考え方にも整理できます。

退職世代こそアドバイスが必要

ところでこれまで皆さんは退職時点で、または退職直前の時点で、退職後のお金との向き合い方を考えたことがあるでしょうか。

日本の大手企業であれば、退職の前に研修などを行う仕組みが導入されているところもあるでしょうが、なかなか資産運用をどうするか、といった視点で説明を受けたことはないと思います。そもそも長い間、退職すると資産は預金で保有することが前提で考えられてきましたから、あまり運用を継続するかどうか、運用資産をどうするか、どう資産を取り崩すか、ほかの収入とどうバランスをとるか、などそれほど重きを置く必要はなかったと思います。

しかしこれからは間違いなく、退職に向けて有価証券で資産を作り上げていく人が増えます。しかも会社の福利厚生として確定拠出年金などで資産形成を進めてきたとなれば、退職前に保有する有価証券とどう向き合うかを、従業員にどう伝えていくかは企業側にも求められることになるでしょう。

海外では、退職後の資産の引き出しに関するアドバイスをするアドバイザーは、ほとんどが「収益率配列のリスク」などを説明します。日本でもそうした議論が高まるべきだと考えます。

ちょうど私も委員として参画した「金融審議会顧客本位タスクフォース」では、中立的なアドバイザーの必要性や金融経済教育の推進に関する議論が行われました。ただその中心は２０２４年から恒久化・無期限化される新ＮＩＳＡの拡大を通じた資産形成のための施策となり、なかなか退職世代に対する議論まで進みませんでした。

ここで言及している通り、高齢者こそアドバイスが必要な世代ですから、本来のあるべきアドバイスとはこうした取り崩しを含めた総合的なものになるべきでしょう。その点が積み残しになっていると感じています。

英国では、政府が無償で退職者への投資ガイダンスを提供する

ところで英国では、この点に関する極めてユニークな制度がスタートしています。2015年4月6日から始まったPension Freedomという制度では、それまで複雑だった年金の引き出し要件を一気に緩和しました。その結果、個人で作り上げてきた年金資産総額の25%は従来通りに非課税で引き出すことができますが、残りの資産は55歳以降であればいつでも、いくらでも引き出せてその金額がその年の課税所得に合算されるというシンプルなものになりました。

こうした改革は年金制度の自由度を高める点では重要なのですが、大切な退職後の資金を一時の遊興費に使ってしまう懸念もあるわけで、政府はそれに対する「年金の活用の理解を深めるため」の制度Pension Wiseも合わせてスタートさせました。

この制度では、確定拠出年金から資金を引き出した人(50歳以上)には、政府が無償で「投資ガイダンス」を提供するというしくみがあります。これによって退職後はどんな資産の引き出し方が必要になるのか、その後も運用を続けるにはどうすればいいのかといった基本的なガイダンスを得ることができます。

この業務を担当する外郭団体のMoney and Pensions Serviceの2022年3月に終わる期では、面談と対象者自らサイトで自習できるサービスの合計で39万件強に達しています。また実際にガイダンスを担っているCitizens Adviceという慈善団体は22年4月までの1年間で7万件以上の

アポイントを受けたとしています。

日本でもこうしたサービスが実施されるべきだと思っています。既に大手企業では退職直前には、企業内研修で退職後の生活に関する研修を行っていると聞きますが、こうした研修をもっと充実させる必要があると思います。

この研修のなかに、退職後の生活スタイルとお金との向き合い方や資産活用に関する基礎的なことを盛り込むべきですし、また大手企業以外にもこうした研修が組めるように政府が配慮してもいいのではないかと考えます。日本版のPension Wiseです。

Column 7

超高齢社会は アドバイザー必須の時代に

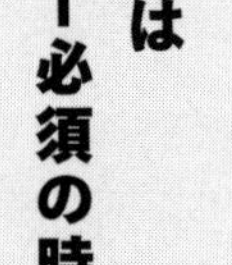

本当に必要なのは高齢者向けのアドバイス

資産所得倍増プランが策定されて、資産形成への注目が急速に高まってきました。それに伴って、金融リテラシーの向上が不可欠ということで、金融経済教育の充実とそのための推進機構が設立される予定です。大変有意義なことだと思っています。

またこれに合わせて、中立的なアドバイザーの必要性も議論されました。ただ、その議論がＮＩＳＡやｉＤｅＣｏの加入拡大のための入り口、すなわち資産形成のスタートに対するアドバイスが中心になったように思います。

資産形成は始めるまでに少し準備が必要になりますが、その後は「ほったらかし投資」がいいといわれるように、あまり手間がかからないものだと思います。大切なところは継続することで、そのためにもあまり手間がかからない方がいいと思います。

一方で資産活用では、資産運用そのものは現役時代の延長だと考えれば、あまり変化はありませんが、その手間は現役時代よりも大きく増えると思っています。この本で紹介しているように「どう取り崩すか」という視点は税金や社会保険料といったコストに影響を与えるだけではなく、資産の持続力そのものにも影響しますから、かなり作業量が増えることになります。

さらに課題は、加齢に伴って自分でできることがどんどん少なくなってくることです。そうなると、その部分をどうやって第三者にサポートしてもらえるかが課題になってきます（次ページ図表44を参照）。

これこそがアドバイザーの担うべき仕事で、それは独立系のアドバイザーだったり、金融機関で働くアドバイザーだったりと、いろいろな人たちが担うことになるはずです。実は、こう書いている私でさえ、最近は自分の資産活用のアドバイザーを探す必要があると感じているほどです。

新ＮＩＳＡ導入で金融商品の手数料に大きな変革が

金融商品の販売手数料はどんどん低下する方向にあります。２０２４年に導入される新ＮＩＳＡが手数料低下のさらなる原動力になると考えています。

図表44: 資産形成と資産活用の手間と アドバイス・サービスの考え方

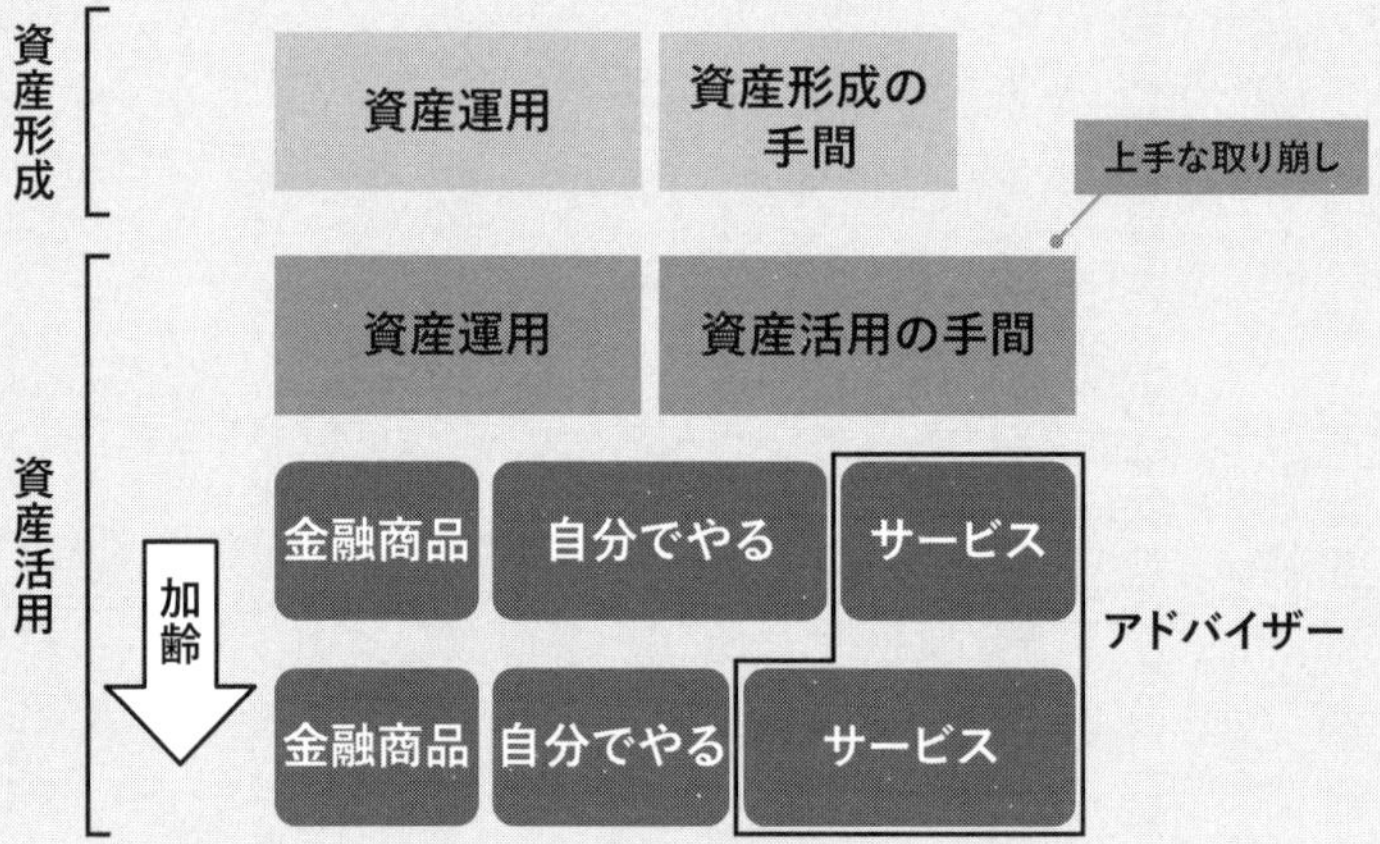

（出所）合同会社フィンウェル研究所

新ＮＩＳＡでは、年間の非課税投資上限が３６０万円となりますが、１２０万円分のつみたて投資枠では販売手数料が0円です。しかも信託報酬も低く抑えられている商品だけが投資対象として認定されていますから、手数料という面では極めて投資家のメリットが大きくなっています。

　しかもこれまで年間非課税上限額が40万円と少なかったことから、

ちょっと50代、60代では使いにくかったのですが、これが１２０万円まで広がりましたから一気に使い勝手が高まりました。

金融機関を選べば、成長投資枠２４０万円でも同じ投資信託で販売手数料なく投資できます。そもそもＮＩＳＡでは投資収益は非課税ですから、販売手数料がかからず、信託報酬が低く、税金もかからないという、投資家にとっては非常にうれしい制度が、年間３６０万円まで投資可能になるわけです。

これで、多くの方が有価証券を運用する際に新ＮＩＳＡを使うことになるでしょう。投資家にとってメリットの大きい手数料の低下ですが、金融機関やアドバイザーにとっては収入の減少につながります。

サービスに報酬を払う時代へ

高齢者ほどお金に関するアドバイスが必要であること、新ＮＩＳＡの導入で手数料が低下する流れが加速すること、という2つは、われわれが付き合っていく金融機関、アドバイザーを選ぶときに大切なポイントを教えてくれます。

超高齢社会で資産活用世代が増え、アドバイス・サービスへのニーズが激増すると思われますが、現在の金融ビジネスは金融商品に紐づいた収入に依存するモデルです。金融商品に紐づく手数料が減り、提供するサービスが増えることになれば金融機関やアドバイザーの収益性はかなり低下することになります。極論すれば、そうした金融機関やアドバイザーに、20年、30年といった長い資産活用期のお金との向き合い方をサポートしてもらうのは心配です。

本来、われわれは、こうしたアドバイスの報酬はアドバイスというサービスに紐づけて支払うようになるべきです。これを商品に紐づいて支払っている限り、金融機関やアドバイザーの持続性が気になります。

われわれはよく「アドバイスというサービスに報酬を払う人はいない」と言い、無料で受けたいと思うものです。しかし無料であればそのサービスは続かなくなります。途中で放り投げられては迷惑な話です。

逆に、収益をカバーするために、表面からは見えない高い手数料の金融商品を販売することで、帳尻を合わせようとする金融機関やアドバイザーも出てきかねません。そろそろ、われわれはアドバイスというサービスに正当な報酬を払うべき時代に来ているのではないでしょうか。

第8章

資産活用層の社会貢献

1 日本経済を支える一翼に

私は60歳の定年を機に自分の会社を作って起業しました。そしてもう少し今の仕事を続けていこうと思っていますが、同様に20年以上続けてきた資産運用もまだ続けていこうと考えています。

そんな私のような60代はたくさんいるはずです。「60代6000人の声」アンケートでは、69歳454人の21・6％がまだ現役で働いていて、35・7％が資産運用をしています。

「いつまでできるか」を悩むのではなく、計画を立てて向き合うことが大切です。そのうえで、**「できる間はやってみる」**という姿勢が重要なように思います。

一般的には、働くよりも資産運用を続けることの方が長くできるでしょうから、差し当たり、私は80歳まで運用を続けるつもりでいます。それまでは途中で仕事を辞めることになっても、運用は続け「使いながら運用する時代」を少しでも長くしたいと思います。

「会社」ではなく「社会」に向き合う

最近はSDGs、ESGを考慮した社会活動、社会貢献投資、インパクト投資といった、単に収益を求めるだけではない投資への広がりなどが、特に若い世代を中心に広がっています。

資産活用層もそうした投資対象を考慮して投資をすることに、大きな意味があると思います。特に若年層よりも高齢層の方が保有する資産も多いので、そうした投資への志向が強まることは非常に影響力が大きくなるのではないでしょうか。

ただ、私はもう少し違った角度から高齢層、資産活用層の社会貢献の可能性があると思っています。

それはとりもなおさず、「使いながら運用する」という考え方を広げ、実践する人が増えることで、高齢者が消費を通じて日本経済の一翼を担い、若い人の生活に寄与することだと思っています。

特に、退職してみると、向き合うのはそれまでの「会社」ではなく、「社会」に変わったことを痛感します。何のために働くのか、何のために活動をするのか、と自問してみると、周りのために少しでも役に立ちたいという思いがこれまで以上に強くなっていることを感じます。

高齢者にも社会貢献ができる道があります。それは自分のためにと思っていた「使いながら運用する」こと、そのものが社会全体の役に立つことだからです。

最後の章では、「使いながら運用する」ことの持つ社会貢献の側面を考えてみたいと思います。その「使うこと」の持つ意味と、「運用すること」の意味を日本社会への貢献というスタンスで見直してみたいと思います。

65歳以上の人口比率である高齢化率が28％を超えた日本は、現在、世界でも類を見ない超高齢社会です。高齢化率が7％を超える高齢化社会、14％を越える高齢社会、そして21％を超える超高齢

図表45：将来推計人口

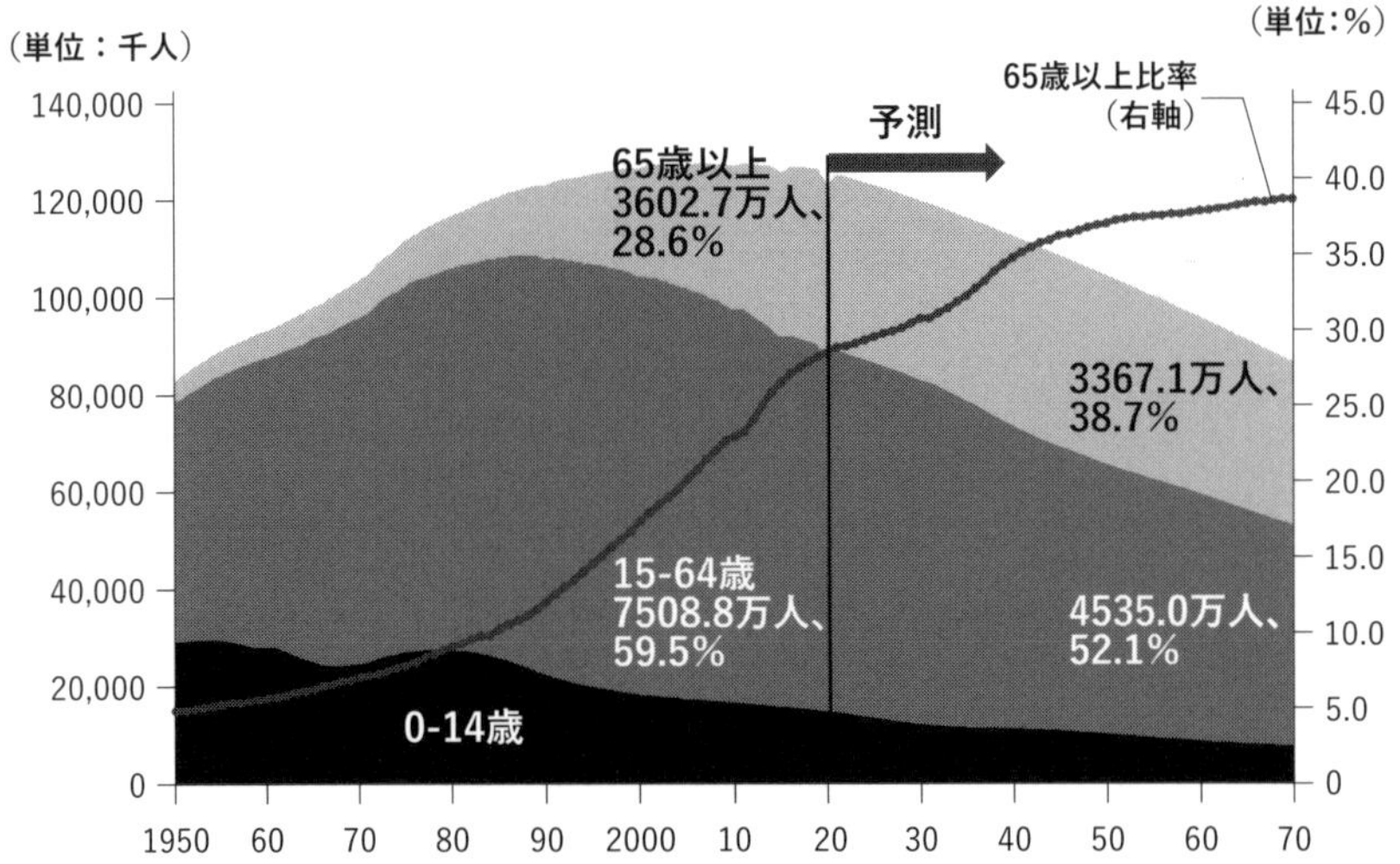

（出所）国立社会保障・人口問題研究所、総数、年齢3区分（0〜14歳、15〜64歳、65歳以上）別総人口及び年齢構造係数：出生中位（死亡中位）推計をもとに合同会社フィンウェル研究所作成

社会に続く、高齢化率28％は次のカテゴリーになるはずですが、まだその名前はありません。勝手に命名すれば「超々高齢社会」とでもなるでしょうか。

これまでの高齢化率の上昇は、高齢者の増加することが前提だったために、それを支える現役層の負担が重くなり、「高齢者は社会の負担である」というメッセージとなっていたように思います。しかし、これからは少し様相が異なります。

これから高齢化率４割に向かう社会は、高齢者が増加する時代ではなく、現役層が大きく減少して相対的に比率が高まる時代になります。図表45の示す通り15－64歳の人口は

２０２０年から50年の間に３０００万人ほど減少すると予測されています。

とすれば、これからの日本経済の内需は、間違いなく65歳以上の高齢者がその一翼の大きな部分を担うことになるはずです。

高齢者の保有する資産をいかに消費に回せるかが社会的にも大きなチャレンジになると思います。

「できるだけ使わない」から「使いながら運用する」への脱却

高齢者はいくつになっても「老後」を心配して資金を使うことをためらうものです。

１９９０年代、「きんさん、ぎんさん」の姉妹は１００歳を過ぎても元気だったことがきっかけで、マスコミにも登場するほどの人気ものになりましたが、そこで受け取ったギャラを「老後のために残しておきたい」と言ったことは私の記憶に残っています。

何歳になっても、使わないで残すことに安心感を持つとすれば、なかなか消費の一翼を担うというのは難しいのかもしれません。

さらにここにきて「人生１００年時代」という言葉が注目され、多くの高齢者が資産寿命の延伸を考えるようになっています。高齢者はこれまで以上に資産を「できるだけ使わないで生活しよう」と心掛けているのではないでしょうか。

その結果、毎年推計で40－50兆円規模の資産が相続されることになっています。毎年、日本の名目ＧＤＰの1割に近い規模の資産が相続されているのですが、その多くは「老々相続」となっていることにも注意が必要です。

データは少し古いのですが、財務省によると子どもの年齢が50歳以上と想定される80歳以上の被相続人（亡くなった方）の比率は89年で38・9％だったものが、2013年には68・3％にまで高まっています。そのうち90歳以上の被相続人は23・7％でした。

すなわち、相続税の申告者ベースでみると、亡くなった方の3分の2は80歳以上でその相続人は50代以上というわけです。その後の寿命の延伸を考えれば現在はさらに老々相続の比率が高くなっていることでしょう。

40－50兆円に及ぶ相続市場の多くが、老々相続となっていることで、受け取った相続人もその資産を自身の老後の資産として「できるだけ使わない」ようにしようと思うことでしょう。すなわち相続をしても、その資産は常に老後の費用として位置付けられて、なかなか消費に漏出してこない事態が想定されます。

しかし、資産活用のアイデアが普及して、保有資産の潜在的な持久力が認識されるようになれば、もう少し消費もしやすくなるのではないかと考えます。「使いながら運用する」という考え方が広がれば、退職者層が消費に積極的になると思っています。

手持ち資産を「4割増し」の資産力にするには

第4章の図表28「逆算の資産準備：取り崩し方法で見る2つのステージ」をもう一度ご覧になっ

てください。

ここでは、引出総額という概念を説明しました。65歳の時点で約２８００万円を保有している人が、80歳まで「３％で運用して、４％で引き出し」、80歳以降の20年間は残った２４００万円を均等に引き出すという２つのステージのアプローチを使って「使いながら運用する」を実践すると、その35年間における引出総額は約４０００万円になるという点を強調しました。

これは**65歳時点の資産約２８００万円が、実際には4割増しの資産力を持っている**ことを示しています。その認識があれば、その資産をもとにもう少し使うことに積極的になれるのではないかと期待しています。

「できるだけ使わないようにする」というマインドセットからほんの少し消費に前向きになるだけでいいのです。

資産の0・25％を消費に回すだけで日本経済に大きく貢献する

ちなみに、日本国民が保有しているのは、金融資産だけではありません。そのほかに土地や個人企業が持っている設備など非金融資産もあります。

国民経済計算をもとに、その合算である「個人資産」を計算してみました。個人金融資産は２０００兆円。これに個人が保有する土地や非金融資産を足してみると、２０２０年で３０７２・７兆円に達します。

図表46：個人資産の推移

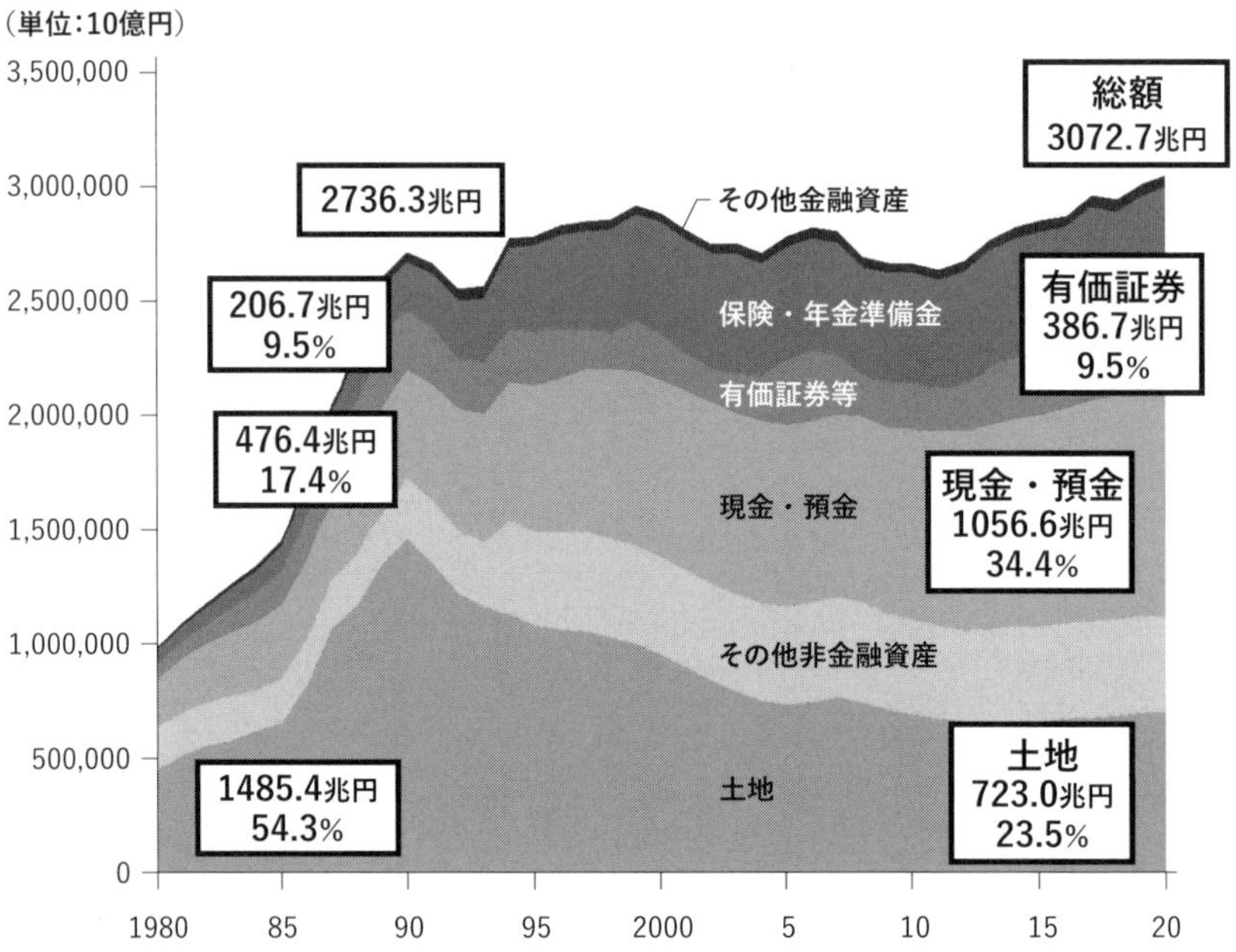

（注）1980-1993年は2000年基準のSNA、1994年以降は2011年基準のSNA。
（出所）国民経済計算より、合同会社フィンウェル研究所作成

個人金融資産は、図表48の年代別金融資産残高の数字を参考に63・５％を60代以上が保有していると推計できます。また土地も同様に全国家計構造調査（２０１９年）から推計してみると、60代以上が住宅・宅地の58・４％を保有していました。ざっくりと3分の2を60歳以上が保有していると想定すると、その資産総額は２０００兆円に達します。

２０００兆円という資産の規模はかなり大きなものです。ＧＤＰの約４倍、国

家予算の約20年分相当の規模ですから、そのほんの少しの金額が消費に回るだけで大きな力になるのです。例えば、そのわずか0・25％でも5兆円の規模になります。これが消費に向かうだけで、日本のGDPを1％程度押し上げる力になります。

消費にはそれが引き起こす相乗効果も期待できますから、そこまで見込むともっと大きな経済貢献になるのです。GDPを1％成長させる経済政策はそうそうありません。高齢者が持っている力のほんのちょっと、0・25％を消費に回すだけで、日本経済には大きなチカラになるのです。

60代の資産力を地方でこそ発揮してほしい

そのチカラを地方で発揮するのが、地方都市移住です。

地方の金融機関の方と話をしていると、相続による地方から都会への資金流出が大きいことが懸念されます。それは被相続人、すなわち亡くなる高齢者は地方に住んでいて、その財産を相続する相続人は都会に住んでいることが多くあるからです。

正式な統計を見たことはありませんが、以前フィデリティ投信で行った相続アンケートでは、相続人の4分の3が相続資産を自分が使っている金融機関で保有した（すなわち子ども世代が住んでいる地域の金融機関への流出）と回答していましたから、相当の規模で「地方から都会への金流」が起きていると思います。

相続ではなく、贈与でも同じことが起きます。一橋大学経済研究所の北村行伸教授（当時）によると（季刊「個人金融」２０１9年春号）、相続市場規模50兆円に対して生前贈与は30兆円と推計しています。今後、税制優遇を使って相続よりも贈与を拡大させることで、老々相続の弊害を避けようとする流れが強くなるでしょう。

しかし、贈与でも「地方から都会への金流」の課題は残ります。相続も贈与も、資産を送り出す側である現在の高齢世帯が地方に居住していて、その資金を受け取る子世代（50－60代）と孫世代（20－30代）は都会で生活しているからです。

それをいくらかでも改善する方法は、相続や退職金を受け取る60代が地方都市へ移住することではないかと思います。

資産を持った60代が地方に移住し、そこで「使いながら運用する」考え方を実践できれば、地元の消費にも貢献できます。

地方自治体の方と60代の地方都市移住の可能性について話をすると、「60代よりは子どものいる若い世代に来てほしい」と反論されます。確かに60代はあと10－20年もすると介護などの負担が増えますから、移住によって人口が増えても自治体には将来の負担増が懸念されるわけです。

しかし、地域経済への消費を通じた貢献を考えると、60代こそが、その地域の経済ひいては日本経済を救う〝資産〟になるのではないかと考えています。地方に需要を生み出し、現役世代の就労のチャンスの増加にもつながるでしょう。地方自治体が「若い世代の移住」を求めているのであれば、まずその地域に需要をもたらす「60代の資産のチカラ」を受け入れる施策が必要になると思います。

保有する有価証券をどうやって「運用しながら取り崩していくか」という資産活用の考え方は、決して個人の資産寿命の延命策といったレベルだけの問題ではありません。

若年層が投資でこれからの世界を変える「社会責任投資」に前向きなように、高齢層はこれからの消費に貢献する「社会貢献」で日本経済を支えることに前向きになってほしいと思います。

改めて、「資産活用」というアイデアが持つ〝消費につなげるチカラ〟を再認識する必要がありそうです。

2 個人金融資産の有価証券比率を高める

「使いながら運用する」という姿勢の「運用する」の効用に関しても、社会貢献の目線で考えてみたいと思います。

繰り返しますが、われわれ資産活用世代はそのチカラを過小評価してはいけないと思います。自分たちのチカラがどんな形で日本経済に影響を与えうるかをしっかりと理解することも、運用を続けていく原動力になります。

図表47：有価証券保有世帯比率の年代別推移

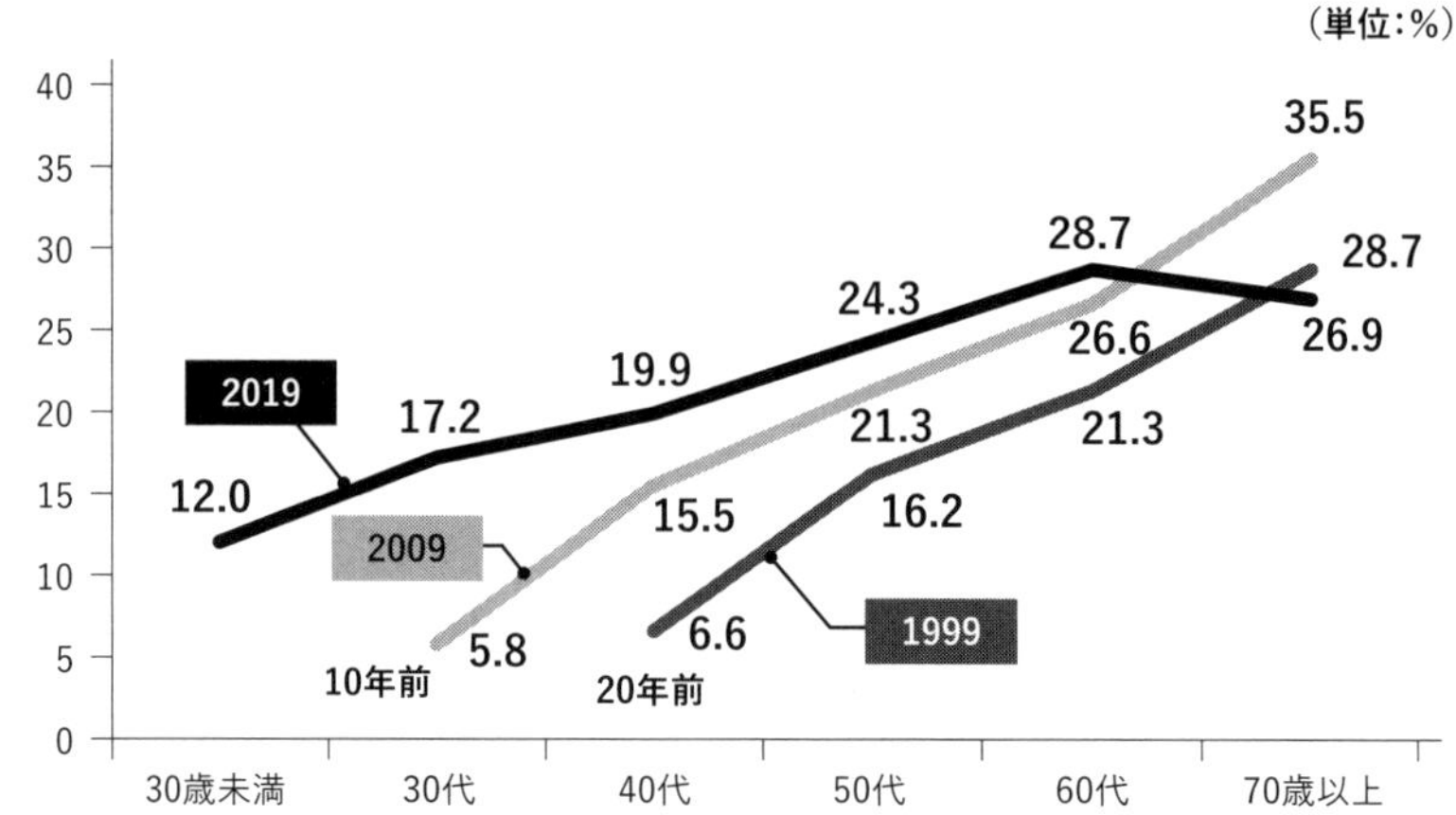

（注）全国家計構造調査（旧　全国消費実態調査）、2019年版、2009年版、1999年版、2人以上の世帯の金融資産データを使ってフィンウェル研究所が作成

まず図表47を見てください。これは、全世帯に対する有価証券を保有している世帯の比率、有価証券保有世帯比率を年代別に、20年前、10年前、現在の3時点で比較したものです。「全国家計構造調査」は、以前、「全国消費実態調査」と呼ばれていたもので5年に1回の間隔で行われています。直近は２０１９年ですので、20年前は１９９９年、10年前は２００９年のデータを使っています。

黒の折れ線が、現在の年代別有価証券保有世帯比率で、10年前が薄いグレー、20年前が濃いグレーの折れ線です。そしてそれぞれ10年ずつずらしてグラフにしてあります。グラフの読み方は、例えば現在の40代の有価証券保有世帯比率は19・９%ですが、その世代の10年前、すなわち30代の頃は15・５%、20年前の20代の頃は６・６%だったとみます。

この20年間でほとんどの世代において、有価証券を保有する世帯の比率が上昇していますから、資産形成や資産活用を推進したいと考える私にとっては心強い限りのデータといえます。

団塊世代は「投資から貯蓄へ」を進めてしまった

しかし気になるのは現在の70歳以上の数値です。20年前の50代だった時は28・7%の世帯が有価証券を保有していましたが、10年経った60代にはその比率は35・5%と非常に高水準となりました。しかしそこから10年の間に、その比率は26・9%へと急低下しています。一気に9ポイント弱の低下です。これは、この世代、いわゆる団塊世代が、保有する有価証券を売却して現金化してしまったことを意味します。

しかも、少しでも保有していれば「有価証券保有世帯」となるはずですから、そうでなくなったということは「すべて現金化した」ということを示しています。すごい勢いで。

もちろん高齢になれば有価証券を現金化して生活費に充当する必要性も高くなります。ただ、70代までに保有有価証券をゼロにするほど現金化しなければならない人が、その世代の1割弱もいるとは思えません。有価証券を保有しながら、少しずつ取り崩すという「使いながら運用する」という資産寿命の延命策の考え方がまだまだ浸透していないことを示しているのでしょう。資産活用、資産の取り崩しといった考え方がもっと広がっていれば、この世代の有価証券の全額売却という状況はもっと少なくできたのではないかと思います。

今の60代はこれからの10年の間に同じ行動をとらないでほしいと心から願います。

60歳以上は日本の金融資産総額の3分の2を保有

団塊世代の有価証券の現金化の動きはどれくらいの影響力を持っているのだろうかを知りたくて、年代別の金融資産保有額の推計を試みました。

「全国家計構造調査」（2019年版）のデータでは、金融資産残高の平均値が年代別に公表されています。その平均値は、金融資産総額（貯蓄現在高）のほか、預貯金、生命保険等、有価証券、その内数として株式、債券、投資信託についても発表されています。

その平均値に、各年代の世帯数（19年）をかけ合わせれば、総額の推計値が計算できると考えました。これはあくまでも概算ですし、個人金融資産の計算方法や分類項目とは異なることから、同一に並べるわけにはいきません。それでも大雑把な世代別の資産保有比率を示していると思っています。

この推計値では、60歳以上が保有する金融資産の比率は63・5％になりました。これはよく言われる、高齢者が個人金融資産の3分の2を保有するといわれる数値と整合的です。

ちなみに金融審議会市場ワーキング・グループ報告書「高齢社会における資産形成・管理」の16ページでは、14年のデータで60歳以上の保有比率は65・7％と記載しています。

その数字の大きさも然ることながら、作成して最も驚いたのが39歳以下の世代の保有比率がわず

図表48：年代別金融資産残高の分布

	全体	39歳以下	40-59歳	60歳以上
金融資産残高（貯蓄現在高）	100.0%	6.2%	30.3%	63.5%
	100.0%	100.0%	100.0%	100.0%
預貯金	63.6%	71.1%	59.0%	65.1%
生命保険など	19.0%	14.9%	23.0%	17.5%
有価証券	16.0%	11.2%	15.0%	16.9%
（うち株式）	8.4%	7.5%	8.7%	8.3%
（うち投資信託）	5.0%	2.8%	4.2%	5.7%

（注）年代別世帯保有平均値を世帯数で掛けて総額を計算。個人金融資産にはこのほかに年金準備金がある。
（出所）総務省「全国家計構造調査」（2019年調査）並びに日銀「資金循環表」をもとに合同会社フィンウェル研究所作成

か6・2％だったことです。高齢者の保有比率が高いことは承知していましたが、若年層の保有比率がこれほど少ないとわかると、改めて若年層の資産形成が必要だと感じます。

さらにそれぞれが保有する金融商品の構成比を見ると、例えば投資信託は60歳以上で5・7％の構成比、39歳以下では2・8％です。保有資産額全体の分布で10分の1、商品の保有構成比で約半分ですから、投資信託の保有総額で比べると60歳以上の保有額は39歳以下の20倍にもなっていることがわかります。

だからこそ、若年層の資産形成の促進と合わせて、高齢層の有価証券の売却の流れを抑制することも不可欠なのだという点もわかりやすいことだと思います。

退職すると資産を現金化する圧力がかかるものですから、意識的に資産運用を継続するためにも、非課税というメリットは重要です。新ＮＩＳＡが資産活用層にもう少し優しくなることは本当に必要なことなのです。

現金化してしまいがちな3つのタイミング

投資継続の声を高めることも必要ですが、一方で現金化させてしまいがちな制度に関しても手を入れる必要があると思います。

改めて資産活用世代が有価証券を現金化しがちな時点を３つ紹介しておきます。皆さんもこうした時点でいかに現金化を避けるべきかを考えてほしいと思います。

まずは「退職時点」。退職に伴って確定拠出年金の引き出しを検討することになります。その際、私もそうだったのですが、毎年少しずつ受け取る「年金受取」の制度があるとはいえ、退職所得控除の税メリットから資金を一括で引き出す人が９割を超えるといわれています。その場合には、制度上、すべて現金化されることになり、確定拠出年金が普及すればするほど、引き出すときのその影響が懸念されます。

そこで有価証券のままＤＣ口座から課税口座にロールオーバーできるように制度を変更できれば、現金化を抑制できるはずです。退職後もそのまま運用を続けられるとすれば、50代後半などプレ退職世代が長期投資を念頭に置いた資産形成をしやすくなるメリットも期待できます。

２つ目は、あまり考えたくはないことですが、「認知・判断能力の低下した時点」です。現在、成年後見制度の重要性が注目され始めています。しかし成年後見人は「資産保全」の名目で有価証券を現金化することが求められています。

米国では、プルーデント・インベスター・ルールのもと成年後見人は被後見人の資産をポートフォリオで管理することになっており、日本でもこうしたルールを導入して、認知・判断能力の低下した段階でも、現金化の流れを抑制する必要があると思います。

また認知症と診断された途端に金融取引が停止されるのではなく、新規購入は無理だが、必要に応じて売却は認められるようになれば、一度に現金化しなくてもよくなります。認知症の診断が定期的に行なわれ、治療薬が登場すれば、認知症の未病段階でのお金に対する準備も可能になります。もう少し高齢者の実情に沿った制度の改正や新しい対応が可能な分野があるように思います。

ちなみに、２０１９年の金融審議会市場ワーキング・グループの「高齢社会における資産形成・管理」の報告書では、認知症患者の保有する金融資産額の推計値は２０３０年には２１５兆円に達するとしたデータを収載しています。この金額は個人金融資産の１割以上ですから、とてつもなく大きな金額なのです。

３つ目は、「相続時」の現金化の流れです。土地の相続評価額の優位性、生命保険の非課税枠などから、相続が発生する前に有価証券などの資産を土地や保険にシフトする動きが指摘されています。また相続人が税金を払いやすいように被相続人が資産構成を変更するといった現金化の動きもあります。相続時の資産評価の平仄を合わせることで、有価証券の現金化の流れも抑制できる可能性があります。

その他、第6章第2節で紹介した、英国で導入されている相続ＩＳＡの考え方も有効ではないかと思っています。英国では、配偶者が亡くなったときに、その資産相当額を残された配偶者の翌年の年間拠出上限額に上乗せする制度があります。年間の拠出上限枠を一時的に変更するだけなので、相続税や相続評価額に影響を与えず、ここでも有価証券を配偶者の口座にロールオーバーできるようにすれば現金化の抑制になるはずです。

最重要なのは「資産活用」というアイデアの普及

最後に繰り返しになりますが、資産の取り崩しに対する正確な理解を広げることも重要な施策だと思います。

日本ではまだ資産を運用しながら一部を取り崩すという「資産活用」のアイデアが普及していません。資産を現金化してから少しずつ取り崩すのではなく、運用しながらその資産の一部を少しずつ取り崩すという考え方が普及すれば、自ずと資産寿命が延伸でき、個人金融資産に占める有価証券の比率も一気に減少しないで済みます。ここに「退職世代が新ＮＩＳＡを十分に活用する」意味も出てくるのです。

金融経済教育の重要性が叫ばれていますが、資産形成層だけではなく資産活用層こそ、そうした世代に合った金融経済教育の場が必要になってきたと思います。

おわりに

この本の原稿を脱稿した直後に、韓国ソウルで開催された国際会議に参加するチャンスがありました。

私が参加したセッションのテーマは、「ライフタイム・インカムと退職の再定義」で、まさしくこの本の根本のところを議論するようなテーマでした。米国と香港の登壇者のコメントは、日本と同様に、せっかく作り上げた資産を一気に現金化させてしまう傾向が非常に強く、「使いながら運用する」という姿勢が弱い点を指摘していました。

資産を運用しながら少しずつ取り崩していくというデキュムレーションの定着は、進んでいるといわれる米国でも簡単ではないようです。どれだけ先進的な商品やサービスが開発されても、生活者がそれを受け入れる素地がなくてはなかなか広がるものではないということでしょう。

ところでこの本では、保有している資産をどうやって取り崩していくのがいいかを考えるという、これまであまり議論されてこなかった分野を取り上げていることもあって、言葉の定義が簡単ではありませんでした。

よく登場してくるのは、「資産形成」「資産運用」「資産活用」「引き出し」「取り崩し」といったお金と向き合うために使う言葉です。

「資産の取り崩しを中心にした60代からのお金との向き合い方」を生活者が受け入れてくださる素地につながるので、こうした言葉の定義も大切だと考えています。

読者の皆さんは、この本をお読みいただいたあとで、これらの言葉の意味や定義が何となくおわかりいただけたでしょうか。

若い人たちのなかでもはっきりしていないのが「資産形成」と「資産運用」の違いではないでしょうか。

私は、「資産形成」が目的で、「資産運用」が手段だと考えていて、根本的に違うところだと思っています。

「資産形成」は、投資信託や株式で資産を作り上げることのように捉えられていますが、預金でも積み立てながら資産を作り上げることもれっきとした「資産形成」です。有価証券で「資産運用」をすることは、預金と同じように、その目的を達成する「手段」の一つだとみるわけです。

預金と有価証券運用との違いは、その手段としての性格だけで、どちらも「資産形成」の力となるのは同じです。手段としての性格の違いは、有価証券であれば、毎月積み立てている資金とその運用成果である儲けの2つが資産を積み上げる力になり、現状の預金では金利が低すぎて、前者の力だけで「資産形成」をするというだけのことです。

目的として定義した「資産形成」の対となる考え方として、私は「資産活用」という言葉を使うようにしています。本文の第2章第1節図表7に示したように、山を登るのが「資産形成」なら、山を下るのが「資産活用」という意味で対になる考え方です。人によっては「資産管理」という用語を使う方もいらっしゃいますが、管理をするだけではなくて、積極的にその資産を消費に活用しようとするメッセージを「資産活用」という言葉に込めており、この本を読み終えていただいた読者の方であればご理解いただけると思います。

やはり「資産形成」と対になる言葉は「資産活用」です。

ところで、もう少し厳密に「資産活用」を定義すると、退職後の生活の満足度を引き上げるために、①生活費をコントロールすること、②長く働くこと、③年金を効率的に受け取ること、そしてそれらを前提にして、④運用しながら資産を効率的に引き出すこと、までを含む包括的なアイデアです。

ちなみに英語では、ここ20年くらいの間で欧米の金融業界を中心に、「資産形成」にあたるアキュムレーション（Accumulation）の対になる言葉として、デキュムレーション（Decumulation）という言葉を使うようになってきました。「資産形成」の対になるので、デキュムレーションの訳が

「資産活用」というわけです。

ただ、狭義の意味では、先ほどの④の部分、すなわち運用しながら資産を効率的に引き出すことだけを指すことも多いように思います。

こうした一連の流れのなかであれば、「資産活用」という言葉も腹落ちするかもしれませんが、普通の人が初見で「資産活用」という言葉を見ると、なんだか土地活用みたいなものを想像してしまって誤解を生じかねません。

資産の取り崩しを初めて考えるという人に読んでもらうことを考えると、この本のタイトルに「資産活用」を入れることに、編集者も私も躊躇せざるを得なかったのも事実です。まだまだ言葉が生きていません。これからもっと使っていくことで、世の中に浸透させることがいかに重要であるかを思い知らされました。

さらに、同じように悩んだ言葉が、「取り崩し」です。この言葉には、どこかちょっとネガティブな響きがあるからです。

また、「引き出し」とどう違うのか。それぞれの使い方には差異があると感じていますので、それに沿って私はこの本のなかでは使い分けています。例えば「資産の取り崩し」といったり、「定率引き出し」と表現してみたり、同じように資産を引き出していることなのに、「取り崩し」と「引き出し」に使い分けています。

その基本は、「取崩額＝引出額−運用による増額」という関係です。例えば、資産から100万円の「引き出し」をしても、運用で80万円分増えていれば、「取り崩し」は20万円に過ぎません。運用しながら少しずつ資産を引き出す場合には、資産からの引出額と資産の取崩額とは一致しないというわけです。

「取り崩し」と「引き出し」の理解が進むと、資産を取り崩して生活を充実させることにこれまでほど躊躇しないで済むのではないでしょうか。退職後に、資産を「使いながら運用する」という考え方が広がれば、もっとお金を使いやすくなるはずです。こうした苦渋が、この本のなかに少しでも染み出して、それを感じていただければ、そしてこの本がそんなマインドセットの広がりに貢献することができれば、これに勝るものはありません。

七夕の空に願って。

2023年7月7日　西新宿のオフィスにて。

野尻哲史

野尻哲史（のじり・さとし）
合同会社フィンウェル研究所 代表

1959年生まれ。一橋大学商学部卒。82年山一証券経済研究所、同ニューヨーク事務所駐在、98年メリルリンチ証券東京支店調査部、同調査部副部長、2006年フィデリティ投信入社、07年フィデリティ退職・投資教育研究所所長。19年5月、定年を機に合同会社フィンウェル研究所を設立し、資産形成を終えた世代向けに資産の取り崩し、地方都市移住、勤労の継続などに特化した啓発活動をスタート。18年9月より金融審議会市場ワーキング・グループ委員、22年9月より同審議会顧客本位タスクフォース委員。

60代からの資産「使い切り」法
今ある資産の寿命を伸ばす賢い「取り崩し」の技術

2023年 8 月24日　1版1刷
2023年11月10日　　 5刷

著　者
野尻哲史

発行者
國分正哉

発　行
株式会社日経BP　日本経済新聞出版

発　売
株式会社日経BPマーケティング
〒105-8308 東京都港区虎ノ門4-3-12

イラスト
田村記久恵

装　丁
有限会社梅田敏典デザイン事務所

組　版
マーリンクレイン

印刷・製本
シナノ印刷

ISBN 978-4-296-11817-5 ／ Printed in Japan